絶対に後悔しない会話のルール

吉原珠央
Yoshihara Tamao

a pilot of wisdom

目次

第二章　「心地好い会話」の裏には観察がある

第三章　人生を劇的に変える会話の仕方

図版作成／ＭＯＴＨＥＲ

まえがき

「上司の言い方がきつくて……」
「パートナーにイライラしてばかりで……」
「職場の若い人たちとうまく噛《か》み合わなくて……」
「もう、将来の不安しかない……」

あなたは、このような話を聞いたり、あるいは、あなた自身が誰かに話したことはありますか。

話をしている人からすれば、日々抱えている不安やモヤモヤを、相手に聞いてもらいたいとか、相談したいと思っているのでしょう。それでは、そうした話を聞いたとき、あなたならどのような言葉をかけるでしょうか？

たとえば、「考えすぎだよ」「大丈夫だよ」「それは『思い込み』だよ」「決めつけちゃダメだよ」などと、言ってしまうことはありませんか。

悩みを抱える人を前向きな気持ちにさせてあげたいというエール（応援）のつもりで、このような言葉をかけたのかもしれませんが、そうしたエールは往々にして的外れです。なぜなら、そうした言葉を前向きに捉える人ばかりではなく、「自分の悩みを否定された」「所詮、他人事《ひとごと》だな」「自分を理解してもらっていない」などと感じる人もいるからです。つまり、「考えすぎだよ」「大丈夫」などと言われると、腑《ふ》に落ちない違和感と、話したことへの後悔だけが残ることもあるのです。

このように、良かれと思って発する一言には、相手の繊細な気持ちや信頼関係をも、一瞬で粉々にしてしまうほどの威力があるといえます。

こうしたコミュニケーションを台無しにしてしまう会話の原因は、主に相手の気持ちを観察しようとしていないか、「大したことではないだろう」などという思い込みから生まれていると言っても過言ではありません。

本書では、バイアスや、ステレオタイプなど、社会心理学や、認知心理学などからの視点を取り入れながら、会話の中の思い込みとの向き合い方についてを探っていきます。

それでは、別の状況を考えてみましょう。初対面の相手と会話をしていて、不意に沈黙が訪れます。そうしたとき、思わずこう考えてしまうことはありませんか。

「きっと、私との話が面白くないのだ」

「自分とは気が合わないいんだ」

「私に興味がないのだろう」

「会話が続かない自分が情けない」

そうして沈黙を作らないよう、なんとか話を続けようと必死になってしまい、まるで、会話に沈黙が生じることが欠点や失敗であるかのように焦って、話の空白を埋めようとしてしまうことはないでしょうか。

しかし、沈黙には、相手の発話を頭の中で繰り返したり、味わったり、流れを振り返り確認し、自分の発話を準備するなどの意味もあります。実際の会話の中に沈黙があることで、安心したり、決断するときに必要な時間として活用することもあるのです。

つまり、沈黙はかならずしも会話の欠点や失敗であるとは言い切れません。逆に、相手が沈黙したいときに、あなたが必死に話してしまうことで、相手は心地の悪さを感じているかもしれません。また、もし、その沈黙があなたへの反発や反抗を意味していたとすれば、相手の話を真摯に「聞く」ことを優先すべき状況であるのに、あなたが話し続けることは相手との関係を修復不可能にしかねません。

「会話での沈黙は悪いものである」という思い込みによって、沈黙を回避することばかり考えてしまい、相手の話を聞こうとせず、自分の話を聞かせ続けてしまう人は少なくありません。たとえば、初対面の相手が、自分に対して矢継ぎ早に質問をするものの、「へー」という軽い反応だけで、話を広げる気配がないとしたら何を感じるでしょうか。「ああ、この人は会話の空白を埋めようとしているんだ」と、嫌気がさしてしまうことでしょう。

もちろん、相手や場面によっては、軽い反応のほうが気がラクなときもあるかもしれません。また、何か相談したとき「大丈夫だよ」という言葉に励まされる人や、沈黙を埋めて会話を盛り上げようとするあなたの姿に好感を持つ人もいるかもしれませんが、そう思ってくれる人はかなり限られているのが実情です。そうしたミスに気がついたとき、あなたはきっと「やってしまった……」と後悔することでしょう。

それでは、どのような相手や場面でも、あなたが自分の思い込みを的確に判断し、相手をよく観察して「大丈夫ではないから私に話しているのだろう」「思い込みでアドバイスせず、今は話をしっかり聞こう」などと考えて、会話ができるようになれたらどうでしょう。

きっと、会話における後悔は激減しますし、これまで以上に、互いの関係性を良くしたり、新たな出会いのチャンスを広げ、「この人ともっと話したい」「この人と付き合いたい」などと信用される人生へと変えることができるはずです。

そのように確信している私は、20年以上にわたり、コミュニケーションのコンサルティングという仕事に携わり、あらゆる年代や職業の方々と出会い、研修やコンサルティングを通じてアドバイスをさせていただきました。その中には、10代の学生をはじめ、主婦や会社員、フリーランスや経営者、医師や弁護士の方など、幅広い層の人たちとの出会いがありました。そうした自分自身の仕事の経験の中で、人々の思い込みによって生じる「良い例」と「残念な例」を、これまで人一倍、見て学んできたという経緯があります。

良い例というのは、思い込みをコントロールして言動に落とし込み、決めつけた言い方を避け、相手を尊重する言動を示します。そのようなことができる人たちは、大切な人との関係性が改善されたり、すぐに相手と打ち解けられるようになったり、賢いと評価されて重要な仕事や貴重な機会を与えてもらうチャンスを増やしていきます。

一方で、残念な例とは、相手に対して極度に「この人は威圧的に見えるから苦手だ」とか、「自分には無理だ」などと思い込むことです。そのことで、本来はできることがうまく行えないなど、自分の思い込みに翻弄されてしまうことです。そのような場合、的外れなことを発言して、相手をがっかりさせたり、意欲や知性が低いなどと思われて、信用を失いかねません。

そんな残念な例を増やしてしまう人と、良い例を増やしている人との決定的な差は、ずばり観察力であると私は指摘します。そして、観察力をコミュニケーションの場面に生かしていくことで、会話力を劇的に好転できるのです。

本書では、会話力を好転させるために、「思い込みを味方につける」「観察力を磨く」「観察力を駆使した会話ができる」という三つのステップで、小学生にもできるくらい簡単、かつ、実際の会話の場面で効果的だった方法を紹介していきます。

ちなみに、本書の中で提唱している観察力というのは、年代や学歴、職歴などとは一切関係なく、誰にでも磨き、鍛えられるスキルです。その内容は、就職や転職活動中の方や、家族や職場、学校などで人間関係をより良くしたい方、恋愛や結婚、育児や介護など、さまざまな場面を想定し、活用できるよう構成しています。

さて、そうしたさまざまなコミュニケーションの場面において、なぜ観察力が必要なのか。今話題となっているチャットGPTにも尋ねてみることにしました。すると、「観察力は非常に重要です」としたうえで、「相手の言語的（言葉）かつ非言語的（表情や身振りなど）なサインや微妙な変化を認識しましょう」といった、ごもっともな回答が返ってきました。

こうした回答をAIから教えてもらうことは簡単にできましたが、「一体、実際の会話では何をすればいいの？」と考え、あらゆる場面における言動を想像し推測し、実行していくのは私たち自身なのです。私たちの普段の会話の積み重ねが、人間関係や、未来の自分の居場所を作ることにもつながるので、会話とは、自分の人生そのものであるという見方もできるのではないでしょうか。

もしあなたが、もっと会話力を上げたいなと思っても、「私は引っ込み思案だから難しい」「人と関わるのが苦手だからうまくいかない」などと躊躇《ちゅうちょ》してしまうことがあっても、どうぞご安心ください。そもそも、そうした自分へのマイナスの評価自体が、思い込みの可能性があるからです。本書では思い込みや根拠のない噂《うわさ》に翻弄されない理論的な考え方と、親しみやすく、しなやかで自然な会話の両方がバランスよくできる方法を提案しています。

そんなバランス感覚を手に入れて、相手の真意を引き出しながら、より深く納得し合える会話ができる人生を手に入れられるとすれば、付き合いたい人を今以上に惹《ひ》きつけたり、得られる情報の質を高め、人間関係のストレスを軽減できるでしょう。

そして、それは誰にでも摑《つか》めるチャンスであることを、ぜひ本書を通じて知っていただきたいのです。

そういえば、先日、よく利用するカフェの女性店員に、「早朝から声がよく通っていて、いつも素敵ですね。ひょっとして、歌い手さんでいらっしゃいますか？」と訊《き》いてみました。すると、「えー、嬉《うれ》しいです！　実は、学生時代からロックバンドのヴォーカルやゴスペルをやっていて、社会人になってからも、また歌いたいなと、思っていたところなんです」と、目を輝かせながら答えてくれました。

このように私の勝手な思い込みが、たまたま相手に喜んでもらえるような結果となったことがありました。一方で、思い込みが別の方向へ向くこともあります。それは、社会人学生をしている私が授業料の振込のため、銀行へ入店すると、案内係の女性が、私に来店目的を訊いてくれたときのことです。大学名が記載された振込用紙を女性に見せると、「お子様の授業料のお振込ですね。それではお母様、こちらへ」と言って、テーブルで、必要な項目の記入などを促してくれました。このとき私は「子どもの学校の授業料を振込にきたお母さん」となっていましたが、説明するまでもないので、「はい。ありがとうございます」と、お礼を伝えて、淡々と振込を済ませました。

思い込みによる一言は、会話を盛り上げたり、関係性を深めるきっかけとなります。それとは逆に、間違った解釈のまま、互いに理解し合えず、違和感や、しこりだけを残してしまう場合もあるのです。このように、観察の仕方や、思い込みによって、その後の会話の結果は両極に分かれます。

できる限り、楽しく会話をして気分よく過ごしたり、相手から「理解力があって、話しやすい人で良かった」などと感じてもらい関係性を強くするために、私たちは今、自分の思い込みと向き合う必要があります。

自分の思い込みの特性を知り、会話をどのように観察し、どう活用するか。それを本書で読み取っていただき、実際に行動を起こすことができれば、コミュニケーションの問題を解決する術《すべ》を体感していただけると断言します。

さあ、「私はもっと会話力を上げられる！」と思い込みながら、会話の観察力について、私と一緒に考えていきましょう。

第一章 「思い込み」がコミュニケーションを台無しにする

1 「直感」を熟慮する

唐突ですが、月曜日の朝7時台という通勤ラッシュの時間帯で、駅のホームで電車を待つ人たちを想像してみてもらえますか。

実際に想像してくださり、ありがとうございます。推測するに、多くの読者の方が、出勤途中の社会人や、スーツを着た人、また制服を着た学生などを瞬時にイメージされたのではないでしょうか。

ここで着目したいのは、私たちは普段、月曜の朝、通勤ラッシュの駅のホームには「仕事に向かう人と、学生たちがいるに決まっている」という経験則（ヒューリスティック）や、ニュースやテレビドラマなどのメディアによって生まれた先入観に影響され、意思決定をしやすい傾向があるということです。

こうした傾向を説明する理論の一つとして、行動経済学者のダニエル・カーネマンは、私たちが意思決定をするための、二つの機能があることを示しています。

まず、直感的で、努力を要さず、情動的でもある思考のプロセスのことをシステム1と呼び、これとは対照的に、熟慮し、努力を要する柔軟的な思考のプロセスをシステム2としています。

たとえば、「月曜日の朝7時台という通勤ラッシュの時間帯で、駅のホームで電車を待つ人たち」をシステム2のような熟慮型で考えてみましょう。通勤や通学をしている人以外に、病気や怪我《けが》をしている人が病院へ行く途中であるとか、電車内でスリをしようと悪巧みをしている人、早朝に大切な人の訃報を受けて絶望的な気分で電車を待つ人など、あらゆる可能性をイメージできそうです。

といっても、駅のホームで電車を待つ人たちを想像する場合は、システム1のようなイメージだけでも十分で、生活においての支障はないかもしれません。

ただ「見た目にはわからないが、実は人混みが苦手で内心はドキドキしている人がいるかもしれない」とか「治りかけの足の指の骨折が気になり、足を踏まれないよう警戒している人もいるかもしれない」などという、システム2のような熟慮型の視点で駅の中を見渡してみるとどうでしょう。

すると、もし電車内で表情がこわばっている人や、電車の揺れで倒れてきた人に対して歯を食いしばっている人を見たときに、「ずいぶんと神経質そうな人がいて嫌だな」とストレスを感じるより、「何か困っているのかな」「どこか痛いのかな」という発想を少しでも持てるほうが、おおらかにやり過ごすことができそうです。

このように、起こっていることや、相手について考えるとき、目に見える情報だけで安易に決めつけるのではなく「見た目とは違う事実があるのかもしれない」「何か理由があるのかもしれない」などと観察し、推測する想像力を持つことこそが、快適な人間関係やコミュニケーションを築くうえでは欠かせない土台となります。

私たちの直感は、蓄積された数々の体験の詰まった財産ともいうべき、知識や情報、感性の集大成といえます。

ただ、それは、それまでの経験則や先入観の影響を受けながら、その瞬間に最も自分に都合良く考えてしまう傾向を私たちが持っているともいえます。そのことを知るだけで、思い込みだけで作られた判断を、客観的に見直す視点が備わることでしょう。

独りよがりの思い込みを捨て、まずは、客観的な視点を会話に反映させる意識を持ってみることです。それによって、あなたの言葉は相手をも動かし、次第に人付き合いや、人生までも着実に変えていくことになるのです。

2　思い込みを排除するには「推測＋ちょこっとアクション」が効く

目に見える情報だけで安易に決めつけるのではなく、観察し、推測する想像力を持つことを述べましたが、そうした想像力の幅を広げるには、一体、どうすればいいのでしょうか。

私自身、コミュニケーションについての仕事を始める前、20代半ばくらいまでは、人をうまく観察しきれず、勝手な思い込みや決めつけた考えで損をしたこともありました。

たとえば、笑顔がない人や素っ気ない態度の人に対し、即座に「この人は冷たい人に違いない」「苦手な人かもしれない」などと、安易にマイナスの印象を決めつけてしまい身構えたり、極端に対応が消極的になっていたのです。

ところが、こちらが話を引き出して会話を続けてみると、相手に笑顔がないとか、素っ気ない態度は、緊張や不安のあらわれだったり、感じ良く振る舞いたくてもうまく表現ができなかったりするだけだったのです。なかには、単にご自身が他人に与える印象について無頓着なだけで、実際は、温かみもあり、誠実に話ができる人だったということもありました。

無論、私が最初に感じた通り、笑顔がなく素っ気ないままで、マイナスの印象が拭い切れない人や、話すことでさらにマイナスの印象が強化されてしまう人もいたことは事実です。

ただそうした経験から、初対面の相手にマイナスの印象を与えないようにしようと意識するのと同時に、初めて会った人から直感的にマイナスの印象を感じたとしても、そのまま思い込まないよう気をつけるようになりました。相手に苦手意識を持ったところで、コミュニケーションになんらメリットがないからです。

もちろん、第一印象でマイナスの感情を相手に抱かせてしまう人にも、言動の工夫の余地はあります。しかし、私自身は、マイナスの印象を感じる人に対し「緊張が解けないのかな」「何か警戒しているのかな」「ご本人なりには頑張っていらっしゃるのかもしれない」「初対面が苦手なのかな」などと、現在は、想像を膨らませるようになりました。

このように、想像を膨らませるというのは直感で感じたこととは別に、一つか二つ、別の角度から、「～かもしれない」という仮説を立てて、推測することを意味するだけで、とても簡単なことなのです。

ちなみに、推測の精度の高さについては関係ありません。なぜなら、推測するだけで、すでに思い込みが頭の中からなくなっているからです。

大事なことはかつての私のように、思い込みのせいで極端に身構えないように、自分で調整できるという点です。

そこで、思い込みを外すためのとっかかりとして簡単な方法がありますので紹介します。

それは、自分から相手に積極的に「ちょこっとアクション」を起こしてみることです。具体的には、自分から一言話しかけたり、挨拶をしたり、目が合ったら相手より1秒長く、アイコンタクトをキープして、相手よりもにこやかに笑うなど、ちょっとしたことを、積極的に行動してみるという意味です。

こちらの「ちょこっとアクション」に対する、相手の反応（発せられる言語や非言語的なコミュニケーションの情報）を収集しながら、自分の思い込みの検証を行っていくことをおすすめします。

その効果は、情報収集にとどまりません。こちらの「ちょこっとアクション」を、ポジティブに受け止めてくれる人のほうが、ネガティブに捉える人よりも圧倒的に多かったという気づきもありました。

ちょうど今朝も、オフィスの中にある、セルフサービスのコーヒーマシーンに並んでいたところ、珍しく四～五人の行列ができていて混み合っていました。私の前で待っていた男性と目が合ったので、おだやかに「今朝は、いつも以上に、コーヒーが人気ですね」と一言、話しかけました。

すると、とてもクールな第一印象だったその男性は、にこやかな表情で、「本当ですよね」とおっしゃり、私が持っていたタンブラー（保温できるカップ）を見て、「僕も、そういうの（タンブラー）が欲しいと思っていたのですが、どちらで購入されましたか？」と続き、並んでいた時間があっという間に感じるほど、その場の会話が弾みました。

このように、「ちょこっとアクション」によって、初対面の人とでも打ち解けられたり、あるいは、気の合う友人が増えたり、威圧的だと思っていた人と仕事をスムーズに進めることができるなど、あらゆる場面で、会話のきっかけとなり、出会いの輪へと発展していきました。

これまで続いてきた、思い込みの習慣を180度急に変えていくのは、ハードルが高いと感じられるかもしれません。しかし、いくつかの推測と、「ちょこっとアクション」の実践を、積み重ねていくことで、体に筋力をつけるときのように、徐々に、あなたに新しい変化をもたらすことでしょう。

3 「思い込みが激しい人」と思われないために「決めつけた言い方」を防ぐ方法

思い込みが激しいと思われる人とは、「決めつけた言い方が多い人」と言い換えることもできるのではないでしょうか。

それでは、決めつけた言い方には、どのような特徴があるのかを解説します。

たとえば、「そういえば、元〇〇（大学）の友だちとばったり再会したんだけど、あの大学出身の人って冷たい人が多いよね」「アイドル好きな男性との恋愛は絶対に無理」などと、決めつけた言い方をする人がいるとしましょう。

これらの言い方は、それぞれ話の対象となる人（「〇〇大学出身の人」「アイドル好きな男性」）のことを、大きく、ひとまとめにする言葉を使うことが、第一の特徴です。

第二の特徴となるのは、根拠や論理性がなく、個人的な思い込みや感情を、そのまま口に出してしまっていることです。

また、何かを強烈に思い込むきっかけに関しては、人それぞれの育ってきた環境や、社会での役割、性格など、複合的に影響します。また、誰かの情報を鵜呑《うの》みにし、正確な情報を自分で調べる手間を省いたり、実際に特定の対象となる人から嫌な思いをさせられたとか、騙《だま》されたなどという苦い経験があることも「決めつけた発言」を誘発してしまう可能性があります。

それでは、なぜ、こうした発言を食い止めたいかといえば、決めつけた言い方をする人への世間の評価というものが、「付き合いにくい」「扱いづらい」「頑固」「視野が狭い」などとされ、知性的にも、信頼性においても、低い評価となることが予測できるからです。

そして、そうした低い評価を受けた場合、残念ながら、人との縁や、何らかの社会的なチャンス（就職、昇進、縁談、商談など）を、自分から遠ざけてしまいかねないのが実情です。

そこで、こうした決めつけた発言を食い止めるためには、単純に考えると、第一と第二の特徴に対して、言動を変えればいいだけです。

たとえば「○○大学出身の人」と、口に出そうなときは、自分が話そうとしていることの対象にのみ目を向けてみます。すると、「○○大学」という大きなまとめ方ではなく、「大学時代からの友人」という、シンプルでわかりやすい必要最低限の情報を主語として扱うほうがスマートであるという判断ができるのではないでしょうか。

次に「アイドル好きな男性」については、なぜ「苦手なのか」を探ってみることです。

すると「アイドルに夢中で自分のことを大事にしてくれないのではないか」「アイドルの推し活（好きな人を応援する活動）で浪費が多いとすれば金銭感覚のズレが心配だ」「アイドルのような外見を恋人にも強く求められる気がする」などという、不安な思い込みがあるのかもしれません。

つまり、「アイドルが好きなすべての男性」のことが嫌なのではなく、アイドルが好きな男性への勝手な思い込みによって不安となっている、アイドルが好きな男性と付き合うことで、自分が傷つくことや、イライラする経験を避けたいという真意に目を向けてみるのです。

そうすれば「アイドル好き」という情報は、それほど大きな問題ではないことがわかります。

ということは、趣味に熱中している男性の全般に対して、自分との恋愛関係を不安なく続けられるかどうかが重要であって、「○○好きな男性は無理」などと、決めつけた言い方をしなくても、自分の考えを説明することができるはずです。

そのような決めつけた言い方をなくしていけば、周囲から生意気だとか、わがままだなどと勘違いされることを避けられます。

つまり、極端にネガティブに決めつけたような言い方をせず「趣味があっても、私と過ごす時間も大切にしてくれる人がいいな」と、発言できる人のほうが、視野の広さや、おおらかさを感じて、心地好い会話ができると思われるのではないでしょうか。

ここまでは、ネガティブに決めつけた言い方でしたが、ポジティブに聞こえる決めつけた言い方もあります。

「Aさんは社長だから器が大きい」「Bさんは、留学していたから国際的な感覚がある」などが一例です。

たしかに、器が大きい会社役員も、国際感覚のある留学経験者も、世の中にたくさんいらっしゃるでしょう。

ただ、よくよく考えてみるとAさんも、Bさんも社会的な肩書きや、留学経験だけによって、その器の大きさや、国際感覚が身についたわけではないはずです。

逆に「社長」という肩書きがなく「留学経験」もない人は、器の大きさも、国際感覚も持てないのでしょうか。言うまでもなく、そのようなことはありません。

要するに、ポジティブに聞こえる決めつけた言い方は、それを発した人が、「人やモノを判断する基準の範囲が狭く、社会的にも国際的にも、あまり経験がない」と思われるリスクさえあるのです。

相手にすぐれた能力や、国際的な感覚があることと、過去や現在の肩書きや、ごく一部の経験などは、別々に考え、適切な根拠を示せるように発言したいものです。

あなたが自信を持って、相手を敬っているとすれば、シンプルに「Aさんは器が大きい」「Bさんには、国際感覚がある」と、それだけを言葉にするほうが、世の中を見渡せる視点を持つスマートな人として見てもらえるでしょう。

4 「思い込みで話す人」は相手を不愉快にする

ある春の日、買い物の途中で、小学生の我が子たちと通りかかったカフェの入り口に「学割あります」と書かれた看板を見つけました。

ちょうど子どもたちが「何か飲みたい」とうったえていたこともあり、小さな店内に空席を見つけ、歩き疲れていた息子を座らせ、その間に、私と娘が、レジに並んで、学割のりんごジュースをテイクアウトで二つ注文しました。

するとと女性店員が「えっ！　『学割』は中学生のお子様までしか買えませんけど」と、強い口調で私に言いました。

おそらく女性店員は、席に座っていた息子の姿を確認できず、私自身が飲むドリンクとして、学割でりんごジュースを購入しようとしていると勘違いしたのでしょう。

そこで「あちらに座っている息子の分です」と、息子のほうを示して説明すると、女性店員は、ハッとした様子で「かしこまりました」とだけ言って、会計を進めました。

レジにいた女性店員の立ち位置からは、息子の姿が見えづらかったことは仕方がありませんし「学割は中学生以下が対象」という、お店側のルールを徹底している点では、女性店員が、真面目に仕事に取り組まれていたといえます。

ただ、彼女の伝え方は、まるで私を責め立てているかのようで、正直なところ、不愉快に感じてしまいました。

もちろん、思い込みは誰にでも起こることです。もし私が店員の立場でしたら、まずは、もう一人の子どもを目視で探してみます。または、注文を受けたときに、「はい、中学生以下のお子様の『学割』のドリンクが二つですね」と、復唱することで「大人は購入できませんよ」というメッセージを、やんわりと伝えるなど、自分が店員として簡単に確認できそうなことを試してみるでしょう。

そのうえで、あるいは最初から「大変失礼ですが、もう一人のお子様はご一緒でしょうか」と、質問します。

「大人がルール違反して『学割』のドリンクを買うかもしれない」と、念頭に置き、気をつけながら接客すること自体は良いとしても、不確定な状況において、思い込みだけで一方的な発言をすることは避けたいものです。

仮に、意図的にルール違反をしようと企《たくら》んでいる大人のお客様がいたとしても、そうした相手に攻撃的に接する必要などありません。

そういうときは、相手に恥をかかせないよう工夫しながら、正しいルールに協力してもらい、お客様に気分良く納得してもらえることをゴールに設定してみると、適切な伝え方がわかります。そうした伝え方によって、誰一人、気分を害することなく、問題を解決できるのではないでしょうか。

先ほどの事例では、女性店員が思い込んでいることとは別に、「もう一人のお子さんは、トイレに行っているのかもしれない」「もう一人のお子さんは、あとから入店されるのかもしれない」などと、頭の中で、観察の範囲を広げ、いくつか別の角度で推測できれば、落ち着きのある理性的な接客での会話へと、大きく変わります。

私がたまたま出会った先ほどの女性店員の対応から読み取れることは、観察するときに「思い込み枠」「推測枠」という、2種類の設定の棲《す》み分けと比較が、抜け落ちていたことです。

接客の場面にかかわらず、自分の思い込みの発言で失敗したことがある人は、言葉を発する前に、「観察」という工程に、3秒ほどの時間を取りたいところです。

その3秒で「思い込み」と「推測」という枠を同時にイメージして比較し、客観的に、そのバランスを保ちながらコミュニケーションを取って「確認作業」を入れるという流れをイメージしてみるといいのではないでしょうか。

「確認作業」とは、相手を立てながら、「私の勘違いでしたら申し訳ないのですが……」「念のために伺いたいのですが……」などという丁寧な表現で質問をしてみることを意味します。

　そうすることで、相手の反応が、自分の思い込みと、推測の、どちらに転んでも、その後の会話や関係性にヒビが入らないで済むでしょう。

　思い込みだけの余計な一言や、失礼な態度を取ってしまうことで取り返しのつかない結末を避けるためには、「もしかしたら○○なのかもしれない」と、検証し、推測したことを、丁寧に確認することが必要です。それさえできれば、すべてはうまく回るのです。

5　思い込みは敵を作る

「もっと話が面白いと思われたい」

「もっと人から好かれたい」

「頭が良いと思われたい」

「年齢より若く見られたい」

「仕事ができると思われたい」

「自信があるように見られたい」

こうした、他人にポジティブな印象を持たれたいという願望（「～と思われたい」「～と見られたい」）は、私たちが、日常的に追い求めてしまう理想ではないでしょうか。

理想を持つこと自体は、目標や自分のあり方の指標ともなって、向上心やモチベーションを上げていくきっかけとしても期待が持てそうです。

ただ、冒頭のような理想に対して、実際に、人々がどのような言動を取っているかを観察してみると、その理想と現実の言動には、矛盾点があることに気づきます。

たとえば「もっと話が面白くて、頭が良いと思われたい」と理想を掲げて営業の仕事をしている人がいるとします。

本人からすると、面白い話で顧客との会話を盛り上げたり、笑いを取ることで親近感を持ってもらい、「いろいろとご存じですね」と、自分が物知りだと思われることで、商品購入の契約につなげたいという思惑があるのかもしれません。

たしかに、場を盛り上げることや人を笑わせることができる人は、他人にとって親しみやすく、笑いを生み出せるほどの発想のセンスを感じさせるでしょうし、正確な情報であれば、何も知らないよりは、物知りだと思われるほうが頼りがいのある人だと思われることもあるでしょう。

ところが、実際の社会では、営業の仕事をする人といっても、面白さや笑い、賢さなどを前面に出してアピールすることを求められることが、すべてではありません。

物知りといっても、その情報源が、「テレビで観た」「ユーチューバーがそう話していた」「友人から聞いた」など、信ぴょう性に欠ける、憶測や雑談の域を出ないような情報ばかりを一方的に伝えてくるような人であればどうでしょう。

発信する情報の質が低い人は、短絡的な考え方をする、慎重さのない軽い人だとみなされてもおかしくありません。

また、独りよがりに物知りを気取り、笑わせることや、笑いのネタを披露するのに必死な姿は、お客様側から、信用するに値しないと判断されてしまうことも否めません。

ビジネスパーソンにとって大切なのは笑わせることよりも、お客様に安心して商品を契約してもらうことです。もちろん、売る人と買う人との関係性や、顧客の属性、何を販売し、どこで売るか（地域性）など、営業にはさまざまな要素が絡んでいるので一概には言い切れませんが、もし私が笑わせたがりのビジネスパーソンに会ったとしたら、「なぜ、自分が親身な聞き手となって、相手のニーズを聞き出そうとしないのか」「なぜ相手にメリットのある提案ができないのか」と不信感を持ってしまいます。

決して「笑わせることがいけない」という意味ではなく、「商品を売るためには話の面白さと、自分の賢さをアピールすべきだ」といった、小手先の安易な考え方は不要であると伝えたいのです。

つまり、面白い雑談のネタがなくても、賢さを自らアピールしなくても、本人が礼儀を重んじながら、相手の時間を大切にしたうえで、役に立つことを優先する態度さえあれば、会話は盛り上がります。そして、それがきっかけで商品を購入してもらえるチャンスを引き出すことができるでしょう。

「面白くなくてはいけない」「賢そうに見えなくてはいけない」という、思い込みからくる振る舞いが、逆に相手を遠ざけてしまい、「自己中心的で、自分にしか興味がない人だな」と思わせてしまい、ともすれば敵を作ってしまうかもしれません。

こうした「○○でなくてはいけない」という、先入観により損をしかねない事例はほかにもあります。

たとえば、職場の10代、20代のスタッフに対して「自分が若く見られないと、彼らとうまく付き合えない」と思う人がいるとしましょう。

しかし「若く見られる＝若者と打ち解けられる」という考え方は、往々にして本人の思い込みである場合が多いように思えます。見た目で若く見せようとしたり、単に、くだけた言葉遣いにしたとしても、若い世代と打ち解けられるというわけではないはずです。

どのような人とも打ち解けられるには、年代にかかわらず、自分の考えを大事にしつつ、相手の持つ文化や考えに対して、柔軟に耳を傾けて、親しみやすく接することができることが必要です。それが、人を惹きつける魅力になるのだと感じます。

そのような親近感を感じてもらうには、温かみのある表情の柔らかさや機嫌の良さそうな振る舞いと、話し方を、まずは実践してみることがおすすめです。

最新の社会心理学の見地から、顔の持つ第一印象の影響について書かれた『第一印象の科学―なぜヒトは顔に惑わされてしまうのか？』（原題は"Face Value"）の著者で、プリンストン大学のアレクサンダー・トドロフ教授によれば、私たちは人の顔を見たとき、10分の1秒にも満たない時間で、その人を判断するのに十分な情報を得ていることが指摘されています。

さらに、相手の「温かみ」について判断する時間は、わずか33ミリ秒（0・033秒）というふうにもいわれていますから、人と会った直後ではなく、その数秒前のタイミングから、第一印象に気を配っておくとよさそうです。

ただ、第一印象が良いと判断しても、その後、自分からは挨拶をしなかったり、スマートフォンを気にしながら会話をしたり、お礼や謝罪を必要なときに伝えられないような人であれば、相手はモラルや誠実性のほうを重視し、元々の第一印象を、実際の体験で上書きしていくわけですから、良い第一印象を持たれたことで安心するのは禁物です。

誰しも「最初に会ったときはよく見えたのだけど、話してみたらそうでもなかったな」などという結果には、至りたくないものです。

「仕事ができると思われたい」「自信があるように見られたい」というのは、仕事を遂行するうえでは、たしかに重要です。

しかし、もし仕事ができる人や、自信がある人についての思い込みが「（女性が）力強い男性かのように振る舞う」「（なめられたくないから）むやみに笑わない」「（バカにされないよう）見栄《みえ》を張る」などという解釈だとすれば、それは逆効果となってしまいます。

実際に、仕事もできて、人望がある人たちの多くは、実に謙虚で実直で、柔らかい品を纏《まと》うような親しみやすい振る舞いをしているように、周囲を見ていて実感します。

さらに相手の意見に耳を傾け、サポートしてくれる人たちへの感謝を口にし、落ち着きと礼節のある言動を徹底している人には、おのずと人が寄ってくるのでしょう。

そんなふうに、謙虚さや実直さを大切にしながら仕事に打ち込み、親しみを持って人と付き合いができれば、単に「好印象である」という評価を超えて、「○○さんは、必要な人」というふうに思われていくのではないでしょうか。

そこにくわえて、ユニークさがあったらなお魅力的です。

一般的にポジティブと思われる理想を掲げることは良いことですが、自分の持つ先入観にとらわれるだけの言動は自己満足にすぎないのです。

目の前の相手にとって、あなた自身がどうあるべきかを、柔軟に考え、変幻自在に振る舞えることが、実は理想への着実な一歩なのかもしれません。

6　理想の人生に合わせて「思い込み」と「決めつけ」を設定する

本書では、「思い込み」「決めつけ」「先入観」「勘違い」「バイアス」「ステレオタイプ」などの、意味が似たようなキーワードが出てきますが、主には「思い込み」「決めつけ」というキーワードに絞ってコミュニケーションについて考えています。

なぜならこの二つの言葉は、私たちが日常的に「それは私の思い込みでした」「あの人は、すぐにそうやって決めつけた言い方をする」などと、実際に口にすることが多く、生活の中で馴染《なじ》みがあると感じているためです。

その「思い込み」「決めつけ」の定義としては、社会心理学や、認知心理学の分野で研究が行われている、ステレオタイプや認知バイアスの基本的な理論をベースにしつつ、私自身が感じてきたことや、コミュニケーションのコンサルタントとしての経験から気づき、学んできたことを踏まえています。

そのため、もし「それは著者の思い込みでは!?」と感じたときは、ぜひ、あなた自身の「思い込み」と比較し、考え、それを言語化してみてください。そこに、大きな意味があるはずです。

ところで「思い込み」や「決めつけ」の定義の根幹を成す、「ステレオタイプ」と「バイアス」とは、どのようなものなのでしょうか。

まず「ステレオタイプ」は、「O型の人はおおらかだ」「A型の人は几帳面《きちょうめん》だ」「男性のほうが数字に強い」「女性といえば文系」「老人は記憶力が悪い」「大阪の人は皆、笑わせてくれる」などといった事例のように、特定のカテゴリーや、集団に対する固定化されたイメージのことを指します。

こうした、固定観念が生まれるきっかけとなるものは、生活環境の中で浴びているマスメディアによる情報をはじめ、人々が発信しているSNSまで、あらゆる身の回りからの影響が示唆されています。

一方、「バイアス」は、人は自分に最も似ている人に好意を持ちやすいだとか、外見が魅力的だと、性格も理想的なはずだと考える傾向があるなど、客観的ではなく、非論理的な解釈をしてしまうことを指します。

日本認知科学会フェローだったことでも知られる鈴木《すずき》宏昭《ひろあき》氏の著書『認知バイアス―心

に潜むふしぎな働き』では、バイアスについて「先入観にとらわれて物事の一側面にだけ注意が向けられ、その他の側面についての思慮が足りないことを指す」と説明されています。

ここまで二つのキーワードを見てみると、ステレオタイプとバイアスは似たような性質があるように思えます。

実際に別の書籍の『認知心理学』では、ステレオタイプそれ自体が複雑な情報を単純化することで、私たちが考えるときの負担を軽くする機能があると想定されているため、一種の認知バイアスとして捉えることもできるのではないかと記述されていて、両者を同じ体系として考えることもできるようです。

そして、このようなステレオタイプやバイアスが、私たちの生活の中にあるさまざまな決断や、人付き合いなどを形成してきたといっても過言ではありません。

つまり、これまで形成されてきた私たちの人生は、いわば、良くも悪くも、「思い込み」と「決めつけ」だらけなのです。

仕事でうまくいかないことがあると「どうせ自分は注意ばかりされて、仕事ができない人間だ」などと思い込み、「何をやってもうまくいかない人生だ」と決めつけてしまうとすれば、その先も思い込んだ通りにしか人生が形成されかねません。

しかし、苦境の中で「なぜ、こんなに注意ばかりされるのか」と自分を観察し、その原因を推測して、修正しようと行動に移せれば、何かしらの突破口が見えてくるでしょう。

すると「注意されてばかりでうまくいかない人生」といった極端な決めつけを撥《は》ね除《の》け、「注意されたことは行動のきっかけだ」と考えて、伸びやかにチャレンジできる状況を作り出せるはずです。

すなわち、自分が理想としたりなりたい生き方に合わせて、「思い込み」と「決めつけ」をすることができれば、自然と行動と結果が変わり、思い描く生き方へと一歩ずつ近づくことができるのではないでしょうか。

もしかしたら、これを読んで「そんなに簡単に、うまくいくわけがない」と思った読者の方もいるかもしれません。しかしそれこそが、あなたを制限する思い込みと決めつけなのです。

まずは、ご自身が持つ、思い込みや、決めつけの傾向に着目してみましょう。

次に、「部下に頼られる上司でありたい」「子どもから信用してもらえる親でありたい」「信頼し合えるパートナーと一緒に過ごしたい」など、あなた自身がどのような人生を形成していきたいかを真剣かつ、具体的に考えてみましょう。

そして、自分の本来の思い込みや、決めつけてきた言動を変えるための習慣を考え、新しい習慣を今後のデフォルト（初期設定）にしてみるのです。

イギリスで行われた成人を対象とした研究では、日常生活の中で朝食後に運動をしたり水を飲むなどの新たな習慣を、同じ状況で12週間ほど形成させました。そのデータをもとに解析していくと、新しい習慣が身につくまでに個人差があり、18～254日の幅があることがわかったとされています。

あくまで一つの事例にすぎませんが、新たな習慣を形成するためには、ある程度の継続性が必要となることがわかります。

継続といっても難しく捉えず、簡単な方法を紹介します。それは、日記やブログなどを活用して記録をつけながら、スモールステップとして簡単な目標を立てることです。

たとえば、その日1日を振り返り、自分がしたポジティブな発言を具体的に記録したり、記憶している範囲で回数をカウントするだけでも、習慣を可視化することで、発言への意識が強まり、継続しやすくなるでしょう。私自身、このような方法で新たな習慣を身につけてきました。

もし、「できない」「無理」「もう遅い」などという思い込みや決めつけで、あなた自身がモヤモヤとする問題があるとすれば、それを一度、「私の勝手な思い込みなのか？」と自問することが習慣を変える大きな第一歩です。

このページを開いたこの瞬間こそ、あなたが、その第一歩を踏み出すときなのです！

7 「いや待てよ」と言えば先入観の脅威は消えていく

日頃の人付き合いのみならず、人生を左右するような重要な試験や面接、プレゼンテーションの場面において、私たちの先入観が脅威となる場合があります。本来であれば「うまくできる」ことなのに、気づかないうちに、先入観が、それを妨害してしまうこともありえるとすれば、なんとも悔しいですし、恐ろしいことでもあります。

逆に、自分自身が持つさまざまな先入観について知っていれば、失敗や後悔を減らすことにつながります。

ステレオタイプやバイアスにも利点はあります。それらがあることにより、私たちは認知の処理のために使うエネルギーを減らすことができ、なおかつ最速で考えて行動できる、いわば効率化のための機能なのです。

たとえば、あなたがスーパーに勤務していたら「店内でソワソワしている人は万引きの可能性がある」といった先入観によって、防犯対策を強化できるかもしれません。あるいは、就職面接前に「私ならきっとできる！」という思い込みがあれば、少しはポジティブな気分で、自分の伝えたいことを面接の場でアピールできます。

困るのはそれが逆に働くときです。「ソワソワしているお客様がいるけれど、子連れの人だから、万引きなんて、するわけがない」と、「親だから」「子どもと一緒だから」などという理由で、悪いことをするはずがない、という先入観があれば、防犯の妨げになることもあります。

また、自分に対しての「私は一流大学出身ではないから、企業に採用されるのは無理だ」などという思い込みは、自らの選択肢や可能性を制限し、根拠のないネガティブな結果に想像力を占拠されてしまうでしょう。それによって、諦めや絶望といった枠の中だけで、重要な決断をくだすこととなり、それが自信のない態度にも出てしまい、自らチャンスを退け、大きな損失になりかねません。

こうしたことからもわかるように、私たちの思い込みは、物事の結果を大きく変える影響力があります。

しかしその影響を受けて、最終的に物事の判断を調整できるのは、ほかでもない自分自身の意思です。

偏った考え方や、常識や一般論といわれる尺度に判断を惑わされそうなときは、ほんの1秒ほどの時間で「いや待てよ」と、自分に問いかけてみましょう。

それだけのワンアクションでも、思い込みによる安易な即決をとどまらせ、より理論的で、柔軟な考え方ができる自分へと、スイッチを切り替えることが可能です。

まずは、あなたにとって、身近なステレオタイプやバイアスがあるかどうか、観察してみましょう。「外国人は皆、自己主張が強くて苦手」と思っているとすれば、「待てよ。日本人だっていろいろなタイプの人がいるじゃないか。だとすれば、自分と気の合う外国人だってきっといるはずだ」と自然に考えることができるのです。

もしも、「40歳を過ぎたら結婚は難しい」という先入観を持つ人がいるとすれば、その信ぴょう性を疑い、根拠を探し、「本当に難しいのか？　いや待てよ」と自分に問いかけてみましょう。

そして、「結婚に年齢は関係ない」「人それぞれだ」「決めるのは自分だ」といった、あなたらしい考え方を、言葉として置き換えられれば、その時点で、すでに先入観による脅威は去ったようなものです。

8 「威圧的な人」とうまく付き合う方法とは

コミュニケーションのコンサルタントという仕事をしていると、「威圧的な人がいるのですが、どのように接したらいいでしょうか」というご質問を受けることが少なくありません。

まずは、それが学校や組織や職場などでの出来事でしたら、あなたに対するパワハラになっていないかを、慎重に確認することが先決です。

コミュニケーション上の対処法などについて考える前に、その威圧的な人があなたの心身を疲弊させ、実質的な症状が体調面に出ている場合には、すぐに専門家のサポートを受けていただきたいと願います。

ただ、そこまでではないけれど、イライラとしたり、毎回、嫌な気分になるという方には、「威圧的なものの言い方をする人」への対処法の一つを紹介いたします。

それは、威圧的な人の許し難い態度と本人が話している内容（情報）を、切り離して考えるという方法です。

というのも、威圧的な言い方をする人と話していると、そのネガティブな迫力に圧倒され、畏縮してしまいがちです（そもそも不快ですものね）。

そこで、相手の威圧的な態度（言い方、表情、粗雑で乱暴な所作など）でなく、相手が「こちらに伝えたい言語的な情報」に集中し、まずは相手が伝えようとしている情報をすくい上げ、理解してみましょう。

そうすることで、相手があなたに最も伝えたいことや、やってほしいことなどが具体的に見えてくるでしょう。その部分に焦点を絞って、その情報に沿って、淡々と頼まれたことや、仕事の業務を遂行してみるのです。

そうです、「威圧的な態度」の部分は、あなたにとって意味も価値もありません。

このように、相手のメッセージを受け止めるときに「威圧的な態度」と「こちらに伝えたい情報」とを切り離し、不用意に傷つかないよう、これら二つの情報を区別する箱を頭の中に用意するイメージです。

さらには、威圧的な態度の相手と付き合う場合には、可能な限り、必要なことだけのやり取りに徹してみるといいでしょう。

「必要なことだけ」でよいのですから、なんとしてでも会話を続かせて褒めちぎらねばとか、面白いネタで笑わせなくてはなどという、余計な思い込みは切り捨ててしまいます。

仕事のうえで、あなたがやるべきことだけはしっかりやり遂げるという姿勢を貫いていれば、最低限の信頼関係は保たれます。

そのうえで、先回りして気の利いた準備をしたり、提案ができれば、少なくとも「言ったことがまだできていないのか」といった文句や不満は、減らせる可能性があります。

また、威圧的な人の中には、自分が相手から威圧的だと思われていることに気づいていない場合もあります。

おそらく「あなたの言い方は威圧的です！」と言っても、火に油を注ぐようなものですから「恐れ入りますが、一つだけ確認させてください」とか、「ご指示の内容は、○○と△△という2点のみという意味で承知しました」などと、相手に「答えだけくれればいい」というニュアンスのある、明瞭簡潔で理論的な訊き方を徹底してみるのも得策です。

もし、自分自身が威圧的になっていないか気になる方は、「お前」「あなた」といった代名詞を封印し、相手の名前を呼ぶことと同時に、「ありがとう」「助かります」などという言葉の使用頻度を高めてみましょう。

さらには、「そうなんですね」「なるほど」などと言うときには、普段より1～2秒ほど、語尾を長くして、ややゆっくりで、ソフトな言い回しにチャレンジされるといいでしょう。

また、威圧的だという印象を持たれている人の中には、実は内面は懐の深い人物なのだけれど、言動が粗雑なために（この時点で本人には改善してほしいですが）、周囲の人たちを畏縮させてしまうとか、周囲の噂が先行しているだけで、会って話してみると本人は大して威圧的ではなかったなどということもあります。

ですから、もしあなたの職場で、「新しく配属される店長の○○さんは、威圧的で有名らしいよ」などと、誰かの噂を耳にしても、実際に、あなた自身が、その店長の○○さんと話してみるまでは、勝手な思い込みをして、極度な緊張状態に自分を追い込まないよう気をつけましょう。

威圧感のある人がいると、普段はできることなのに、緊張してケアレスミスを起こしてしまうなどということは、私にも経験があります。

しかし、相手を威圧的に感じることのほとんどは、自分の思い込みによって膨らんでしまったイメージであると自分に言い聞かせてみたところ、落ち着いて接することができました。

職場に威圧的な人がいても、滞りなく仕事ができるよう、淡々とやるべきことに集中することが、すでに「うまくやっている」ということになっているはずです。

ですから、「私はうまく対処できているから心配ない！」というポジティブな思い込みにすり替えながら、必要な情報を理解し、確実に実行できる人を目指していきましょう。

9　人の幸不幸を勝手に決めつけない

「恋人がいないなんて寂しい人だ」
「早く結婚したほうがいい」
「新しいことを始めるのに歳《とし》を取ってからでは遅い」

世の中には、誰かに対して、自分の持つ価値観やステレオタイプで好き勝手に発言する人もいます。

また、著名人が失言をすれば「やっぱり有名人は常識がない」「お金があっても世の中のことを知らない」などと言い、若者が犯罪に関わっているニュースについては「親の愛情が足りないからだ」など「著名人」「お金持ち」「若者」といったカテゴリーに人を当てはめて、それらを一括《ひとくく》りにして、根拠などお構いなしに決めつけた言い方をする人を、SNSなどで見聞きすることがあります。

私たちは、本当に物事の真実を見極めることが得意なのでしょうか。

人それぞれ、何をどのように頭の中で考えるかは自由です。しかし、そうした考えを世の中に発信するときには、誰かを不用意に傷つけたり、怒らせたり、問題を拗《こじ》らせるようなことは避け、配慮をする習慣を身につけたいと感じます。

配慮なしに、決めつけた言い方ばかりをする人には、当然、同じようなタイプの人しか寄り付かなくなるでしょうし、いずれ「この人の意見は軽い」「ずいぶんと視野が狭い人だな」などと思われて、大切な人からも信用される機会を失いかねません。

あるときカフェで、私と友人の隣のテーブルで、賑《にぎ》やかに会話をしている20代くらいの女性たちのグループの会話が聞こえてきました。

どうやらグループの一人Aさんが、恋人（大学生）との関係がうまくいっておらず、それについて全員が、彼女の話を聞きながら、意見を出し合っているような会話の雰囲気でした。

すると、グループ内にいるBさんが「Aの彼氏、私の彼と同じ○○大学だったら違っていたかもね」と言いました。

その発言にAさんもそしてまったく関係のない私と友人も、一瞬、「えっ!?」と驚きました。

要するに、Bさんの彼の通っている大学はAさんの彼が通っている大学より知名度が高く、Aさんの彼もその大学に通っていたら、幸せな交際を続けられたはずだと言わんばかりの不思議な理論のようでした。

すかさず、グループ内のCさんが「それはわからないけど、まだ（Aさんが彼のことを）好きならもっと話し合ってみたら」とまともな意見を発したことで、Bさんの不思議な意見は、自然淘汰《とうた》されました。

繰り返しますが、人それぞれ、頭の中で考えることは自由です。ただ、それを発信するときには、その発言をした直後、相手がそのことを、どのように受け止めるのか、客観的に推測し、逆算してから発言することは、最低限のマナーです。

頭の中で考えたことを「余計な一言かもしれない」「私だけの思い込みかな」「私だけの勝手な基準なのかもしれない」などという自分への問いかけのあとに発言するほうが、断然、失言や場違いな発言をせずに済むのです。

言うまでもないことですが、人の幸不幸は、本人にしか決められません。

相手を心配して、ついお節介に「○○したほうがいい」「だから、○○な人はダメなんだよ」などと口走ってしまうこともあるかもしれませんが、そのお節介の正体は、実は単に自分の意見を言いたい、知らしめたいといった欲望なのかもしれません。

冒頭の例のように「恋人がいないなんて寂しい人だ」「早く結婚したほうがいい」「新しいことを始めるのに歳を取ってからでは遅い」などという考えを口にすることは、まさに自分の欲望をコントロールできない人というレッテルを貼られてしまってもおかしくはありません。

「どうしても一言、言いたい」という欲望をうまくコントロールする方法としては、まず人と会う前に「余計なことは口にしない」「勝手な一言で一生、後悔する」といった暗示を、徹底的に自分にかけることです。

こうした暗示だけでも、お節介な意見を封印する、強力なストッパーとなります。たいていの場合、会話の前に「今日は余計な一言を言わないように注意しよう」などと意識していることは多くないでしょうから、試してみる価値は十分にあります。

次に「頭ではわかっていても、どうしてもお節介なことを言ってしまう」という場合には、相手の話を聞いている間、終始、唇の上下を軽く完全につけてしまいます（ただし、呼吸と表情は穏やかに）。

つまり、発声ができないという身体的な条件を作ってしまうという意味です。唇への意識があれば、ストッパー効果が強化され、発言に対する慎重さが増していきます。つまり、一言一言に熟慮できる習慣へとなるのです。そうすれば、あなたが冷静に相手の話を聞くことのできる、落ち着いた聞き手だという安心感を与えることができるのです。

10 「ぼーっとしている人」に口出ししない

あるとき、午前中から打ち合わせがあり、その後都内のカフェで一息ついていると、店内は昼食を食べにきたビジネスパーソンであっという間に満席になりました。

そのとき、一人で来店していたすべての人たちがスマートフォンを手にし、画面を観ているという光景を目にしました。

それは決して珍しい光景ではないですし、スマートフォンでSNSや動画を観たり、大事な用事を済ませている人もいて、好きに過ごすことは当然です。

ただ、もし休憩時間だから仕事から離れるためにスマートフォンを観てリラックスしたいという意図があるとすれば、そこには落とし穴があります。

というのも、常にスマートフォンを使っていると、膨大な情報を脳が処理し続けてしまい、結局、溢《あふ》れる情報量で脳の中を整理できないまま「ごちゃごちゃ」とした状態になる可能性があるからです。

米ワシントン大学セントルイス校の神経学者マーカス・レイクル教授が提唱したデフォルト・モード・ネットワーク（Default Mode Network）によると、脳は何かに集中しているとき以外の、ぼんやりとしているときでさえ、相当なエネルギーを使っているといいます。

諸説あるにしても、何気なくスマートフォンを観ることでリラックスできるというのは思い込みであり、個人差はありますが、完全にリラックスできているとは言い難いのかもしれません。

また、ドラマや漫画のワンシーンで、親が子どもに「ぼーっとしている暇があったら勉強しなさい」「まったく、ぼーっとしてばかりでダメね」などと、叱責するセリフが使われがちで、ぼーっとすることが、まるで、何の役にも立たない、怠け者のすることであるかのように、無駄なことだと言っているように受け取れます。

しかし、その「ぼーっとする」時間は、子どもの頭の中で、その日に起きた出来事や学んだこととの内容などを整理するために、必要な時間なのかもしれません。

「休憩時間はスマートフォンを観る」という習慣や「ぼーっとするのは無意味だ」などという考え方は、つい「いつものことだから」とほかの視点から観察しようとはせずに状況を短絡的に判断していることのあらわれです。

そもそも、現実的に考えてみると、「いつものことだから」と私たちが言える回数は限られています。

なぜならば、私たちには寿命があるからです。厚生労働省が作成した簡易生命表（2021）による、日本人の男女の平均寿命から算出した、男女合わせての平均寿命は、およそ85歳となり、それを日数にすると約3万1000日です。

もしあなたが45歳だとすると、すでにおよそ1万6425日を過ごしたことになるので、残り1万4575日が、「いつものこと」ができる日数だと考えられますが、人はいつ死ぬかも、いつ怪我や病気で体が不自由になるかもわかりませんから、「まだ、この先1万

4575日もあるぞ！」と悠長なことを言えるわけではありません。だからといって、焦る必要もありません。

ただ、日々自分の言動を判断することの一つ一つが、貴重であり、「いつものことだから」とするよりも、「最初で最後の1回だ」として、より丁寧に観察し、行動するほうが、スマートな決断だと言えるのではないでしょうか。

たとえば、明日のランチタイムには、スマートフォンから離れることで休息時間を取るとしましょう。そして、「スマートフォンをバッグ（ポケット）から出さないでおこう」と、実践するだけで、食事に集中できます。

そのように、食事に集中することが、その後の食欲や摂食行動に影響するといわれ、クッキーを用いたある実験[*1]では、昼食時に食べ物にしっかりと注意を向けて食事をする群は、食事に注意を向けなかった群に比べ、食後のクッキー摂取量が減ることを示しています。

また、マインドフルネスを食に応用した、マインドフルネス食観トレーニング（Mindfulness Based Eating Awareness Training）という、肥満に特化して開発されたプログラム（音声での指示がある）も注目されています。五感をフルに活用して「今、ここに」という意識で食事をしてみるのもいいかもしれません。

食事だけに集中することで、インターネットの情報にさらされない分、意識が自分へ向きやすくなり、背筋を伸ばして食事ができれば消化にも良いですし、自分の荷物に使っているスペースや、自分の立てている物音や振動など、隣の人への気遣いの余裕も生まれ、互いに気持ちの良い空間を過ごしやすくなりそうです。

次に「ぼーっとしてないで宿題を早くやりなさい」と何もしていない（かのように見えてしまう）我が子へ、日常的に口が動いてしまう人の場合には、「5分は待とう」と頭の中にタイマーを設定します。

その間に「何かおやつ食べる？」などと伝えてみれば、お子さんは満足し、おやつを食べて、リフレッシュしたあとに、自発的に宿題を始める可能性もあり、「ぼーっとしてないで〜」と言って、互いにストレスを感じることを避けられるかもしれません。

私たちは、自分にも相手にも、「いつものことだから」という視点に安心しきって、あらゆることを決めつけながら、毎日を繰り返しているようにも感じます。

「いつものことだから」という視点により、実際にあなたの予想が当たったときには、スムーズに物事に対処できそうですが、決めつけた考え方で的外れなことをしないよう、客観性を持っておくことは不可欠です。

まずは、口癖を「いつものこと」と言ったところまでで、「ではあるけれど……」「とはいえ……」などと、逆接表現に変えてみましょう。それができれば、当たり前のようにしてきた習慣や、言葉遣いを精査できて、より言動が洗練されていくでしょう。

11 固定観念が問題解決を阻んでいる

ここまで、生活や対人関係の中で起こる「思い込み」や「決めつけ」は、私たちのステレオタイプやバイアスなどが影響していることを見てきました。また、何かを思い込んだり決めつけたりしないためには、「これでいいのかな」と客観的な視点に立って自問し、「もしかしたら○○なのかもしれない」と仮説を立てて推論してみることが有用であると述べてきました。

ここで、取り上げたいのは、心理学者のドゥンカーによる有名なロウソク問題の実験です。

ドゥンカーのロウソク問題

その実験内容は、実験参加者に「（箱に入った）画鋲《がびょう》」「ロウソク」「マッチ1束」を渡し、テーブルに溶けたロウを垂らさないようにして、ロウソクをコルクボードの壁に固定するという課題を与えたものです。

　これは「画鋲の入った箱を受け皿にできそうだ」という観察眼があれば、簡単に解決できる問題です。しかし、多くの人は、皿にするという発想に気がつかない場合があります。その原因は「箱は画鋲を入れるためのものだ」という思い込みです。このようにドゥンカーは、人がある対象に対して特定の機能に固執して考えてしまうことで、問題の解決が妨げられることを明らかにしました。このことを「機能的固着」

と呼んでいます。

たしかに、機能的固着は、私たちが問題解決をするときの足枷《あしかせ》になることもありますが、自分への問いかけや、推論する習慣を持つことで、問題の着眼点に柔軟性を持たせることはできるはずです。

そのためにも、繰り返しになりますが、思い込みや決めつけに対して、自問することが重要な鍵となります。

その自問する際の口癖として「(方法や答えが)これじゃないかもしれない」「別の方法もあるかもしれない」「あえてもう一つあるとすれば」などと発してみることを、おすすめします。こうした口癖によって私自身も、思い込みや決めつけを避けることができました。

それでは、次のことを想像してみてください。あなたの職場で大きなミスをしてしまった同僚が、いつもと変わらない様子で「お疲れ様」と、あなたに挨拶してきたとしましょう。

その瞬間、あなたは同僚に対して、何を思いますか?

「なんだ、普通じゃん」と思うだけで終わるのではなく、「普通にしているようでも落ち込んでいるかもしれないから様子を見てみよう」と観察してみる（考えてみる）読者の方もいらっしゃったでしょう。

それこそがまさに、発想を柔らかくすることの第一歩です。

次のステップは、その観察を、どのように言動に落とし込んでいくかです。言動にするといっても「あんなに大きなミスをしたのに平然としていてすごいね」などと言うわけではありません。

休憩時間にさりげなくそっと、飴《あめ》やチョコレートなどを差し出したり、「私にできることがあったらいつでも教えてね」と伝えてみたり、「前年度の資料は準備しておいたよ」など、自分にできることを率先して行うことで、相手は励まされ、勇気づけられるのではないでしょうか。

もちろん「放っておいてほしい」という人もいますから、先ほどのような言動が、ミスをしてしまった人全員に対して最適な言動と断定することはできません。

ですから、相手のために率先して何かすることがいい場合もあれば、「何もしない」（見放すのではなく見守るという意味）ということが、最適な場合もあるはずです。

とはいえ、見てすぐわかるような情報だけで、相手のことを理解したつもりになっている限りは、観察眼の幅を自在に広げ、柔らかくすることはできません。一度見ただけで決めつけるのではなく、時間を追うごとに状況は変化し、観察は続いていくのだと心得ておきましょう。

12　成熟した考え方でライフプランを考える

第10節でも平均寿命について触れましたが、２０２１年の厚生労働省のデータによれば、日本人の平均寿命は男性が81・４７歳、女性は87・５７歳と示されています。

数字だけ見るとかなり長生きできるかのように感じますが、「日常生活に制限のない期間」を意味し、自分で生活ができるとされる健康寿命で考えてみると、男性が72・６８歳、女性は75・３８歳（２０１９年のデータ）とのことです。

私の場合、平均寿命までの間で、自立した日常生活を送れる期間を算出すると「75・３８（女性の平均健康寿命年齢）－47（現在の年齢）」で28・３８年となります。

つまり好きなように不自由なく動ける生活ができるのが、残り30年を切っているというのはあくまで試算ですが、衝撃的な事実です。

そのような世の中において、多くの人たちが将来に不安を抱えながらも、年齢を重ねるごとに、充実した暮らしを送りたいと願っているのではないでしょうか。

そうした状況で、学校教育を離れた社会人が自己成長やキャリアアップ、キャリアチェンジなどのために学びを繰り返すこと、あるいは学び直すという意味で使われる「リカレント教育」や「リスキリング」というキーワードを耳にする機会も増えているのではないでしょうか。

実際に、私自身も現在のキャリアを長く続けていくために必要な人間科学の知識を学際的に学ぶ目的で、45歳で大学（通信教育課程）2年次へ編入しています。

現在（2023年5月時点）は学部4年生となり、仕事と並行しながら、学部生としての最後の1年である日々を卒業研究発表というゴールに向かって勉学に勤《いそ》しんで過ごしています。

ところで、45歳という年齢を聞いただけで「そんなに歳を取ってから学生生活だなんて無理」「もう若いころのようには、講義や課題の内容が頭に入らない」などと思い込む人も、少なからずいらっしゃるかもしれません。

しかし、本人にしてみると、仕事に直結するということもあって、これまでの学生生活の中で、最も真面目に勉強に取り組めており、勉強することがとても楽しく感じられているのです。

とはいえ、私自身仕事と子育てがある生活の中で、時間のやりくりをすることはラクではありませんし、心身ともに疲労感がドッと押し寄せ、行き詰まるようなこともあります。しかし、「この歳だから大変なのだ」などと感じたことは、徹夜ができなくなったことくらいで、ほかには、ほぼありません。

むしろ、社会人経験で積み上げてきた要領の良さが役立ち、計画性と実行力に関しては、今の自分だから、スムーズなのだと感じています。

また、若いころに抱いていた「周囲から少しでもよく見られたい」といった小さな虚栄心は、年齢とともにどうでもよくなりつつあります。

その影響もあるのか、知らないことがあっても「教えてください！」と誰かを頼ることも積極的にできて、そうしたやり取りを面白く感じる余裕さえも生まれてきたように思えます。

無知で無力な自分を真摯に受け止める自分と「あらま、私ったら、こんなこともできないんだわ」といって、可笑《おか》しく思える自分とを同時に持ちながら、肩肘を張らずに学生生活を過ごせている気がします。

言い方を変えれば、図々《ずうずう》しくなったと言えるのかもしれませんが、周囲の目より自分自身が納得し、満足しているかどうかが重要で、「自分の目」のほうが常に優位になります。

現実的には、年齢を重ねるごとに老化は確実に進んでいるわけですから、物事を推測し、計算し、暗記するなどという能力を示す「流動性知能」は低下してきているのかもしれません。

一方で、生活経験の中で学んできたことを活用する能力といわれる「結晶性知能」は、加齢の影響を受けづらいとされており、言語能力や理解力、洞察力、知識量などとして蓄積されるといわれています。

個人的には、自分自身の生き方においてはもちろんのこと、現在の仕事の明確な目的や目標の存在が、学ぶことをより豊かな時間にしてくれているのだと思います。

世の中は変わり、人生の時間が長くなる中で、「若いうちに勉強をするべきだ」という思い込みのライフサイクルは、時代遅れとなってきているのではないでしょうか。

今後の人生について考えるとき、「何かを学ぶには遅い」「歳を取って体力がないから無理だ」「40歳以降の恋愛は難しい」などという思い込みやステレオタイプとは、いったん距離を置いてみたいものです。

あなたの想像力や行動を制限したり、何か大切なことを先延ばしにしてしまうとき、「もう若くないから」「時間がないから」「お金がないから」「反対する人がいるから」という先入観が立ちはだかるかもしれません。

それ自体は、現実的で客観的な考え方ともいえますが、それでは若くて時間もお金も潤沢にあって、誰もが賛成してくれる状況がないと、私たちは本当に何もできないのかという視点に立ち戻りたいですね。

自分や大切な人が、いつ怪我や大病をするかもわかりませんし、自身の認知症の発症や、死の訪れは、突如としてやってくるかもしれない予測不可能な人生です。

ですから「今、できること」を、一つの観察眼だけで見て容易に諦めるのではなく、観察と仮説を繰り返しながら、選択肢を増やしていけばいいのではないでしょうか。

途中でうまくいかなくても、あまり気にせず、臨機応変に計画を修正しながら実行し続けていくことが、厄介な先入観にあなたの行動を邪魔されないための方策なのです。

ローマの政治家であり雄弁家として知られるキケロによる著作の一つで、紀元前44年の春ごろに書かれたとされる『老境について』という対話編の中に、印象深い内容があります。

それは「老いてなお学びつづけよ」「体力の衰えには思慮分別の成熟をもって対処せよ」などと書かれた一節です。

思い込みや決めつけによって、一度しかない自分の人生のプランの選択肢を狭めぬよう、成熟した思慮分別を総動員しながら、未来の自分について、じっくりと、一緒に考えていきましょう。

13 「勝手に決めつける人」から脱する唯一の方法

小学校3年生のころ、学校での理科のテスト中、顔から火が出るほど恥ずかしくて、悔しい出来事が起こりました。

その出来事は、担任のT先生がテスト用紙を配り終えて、テスト開始の号令があった数分後に起きました。誰かがテスト中にもかかわらず、テスト用紙に掲載されていた設問の画像を見て、「これ、心霊写真じゃん！」と、騒ぎ出したのです。

すると、すぐさま、教室全体がざわつき始め、その最中《さなか》、私の後ろの席のYちゃんという女の子が、「ねえ、珠《たま》ちゃん、心霊写真はどれなの？　教えてよ」と、言いながら、私の椅子の脚を何度も蹴飛ばし、かなりしつこく訊いてきたのです。

そのとき、テスト中に誰かと話してはいけないというルールがあることはわかっていたため、正面を向いたままで、まだ名前しか書き込まれていない自分のテスト用紙の画像のところを指差して、Yちゃんが見えるよう、テスト用紙を浮かせました。

その瞬間、「吉原《よしはら》さん！　それはカンニングですよ」と先生に怒鳴られたのです。厳密にいえば、誰かの答えを見たとかいうことではありませんでしたが、テスト中に怪しい動きをして、後ろに座る友だちに自分のテスト用紙を見せたのですから、注意されても当然でした。

ただ、私にも言い分があります。それは、私自身は誰のテスト用紙も見ていないことと、声を出して断ることもできない状況で、しつこく頼んできたYちゃんに折れて仕方なく自分のテスト用紙を見せたという2点です。

結局、Yちゃんはことの真相を告白してはくれず、先生から何のお咎《とが》めもなく、まるで私だけがカンニングをしたかのように扱われ、この件は終わっていきました。

今でしたら、Yちゃんのしつこささを完全に無視することもできますが、当時は、そのような意志を持つことも、注意されたあと、「ことの発端は、Yちゃんです！」などと、友だちを先生に売るような（大げさですが）行為もできませんでした。

ましてや、「先生、恐れ入りますが、私の言い分も聞いていただけますでしょうか」など直談判《じかだんぱん》できるほどの度胸も知恵もなく、釈然としないまま時は過ぎていったのです。

世の中をうまく渡っていくには、「李下《りか》に冠を正さず」で行動することは必須ですし、自分に反省すべき点があるにしても、いまだにT先生にあのように言われたことだけは、思い出すと悔しさが残ります。

ところで、もしあなたがT先生の立場だとしたら、どのように対処しますか？

私の場合、当時T先生がなさったように、テスト用紙を見せた児童に声を出して注意をするでしょう。しかし、どのような理由と経緯で、そうした行動に至ったのか情報がない中で、誰か一人をカンニング犯のごとく決めつけるようなことはしたくありません。

まずは、「テスト中ですよ！」と大声で注意し、とりあえず教室全体を落ち着かせてテストに集中させます。そして、テスト終了後に、関わっていた本人たちから事情を訊くという手順を踏むと思います。

この「カンニング決めつけ事件」で私は、一方的に非があると決めつけられるということが、どれだけ嫌な思いをするかという現実を幼いながらに学びました。

そうは言いつつ、私自身、自分の子どもたちに対して、決めつけた言い方をしてしまうことがあります。

たとえば、小学生の息子の部屋に入り、「もう、（部屋を）片付けたの？」と、訊く瞬間は、たいていが「まだ取りかかっていないだろう」という勝手な決めつけをしています。

たしかに過去に、「洋服を片付けておいてね」と、息子に伝え、しばらくしてからドアを開けると、息子が、散乱する洋服の上で寝転んで、くつろいでいたということもありました。

けれども、なかには、カーペットの上に散乱していた洋服をひとまとめに集め、たたんでいた姿も、目にしたことがありました。

息子の行動を先読みしているつもりになって、「やっぱりまだ何もしていない」と、決めつけが当たる場合もありますが、当たったからといって、鬼の首でも取ったかのような得意げな態度は不要ですし、相手のやる気をなくしてしまっては意味がありません。

また、本人が片付けに集中していて、私の決めつけが外れた場合では、「ママは、僕のことを信用していなかった」という印象を与えてしまうことになるでしょう。こうした些《さ》細《さい》なやり取りの積み重ねが、信頼関係を左右してしまいます。

自分を振り返ってみると、決めつけた言い方をしてしまうのは、私の強烈な思い込みで、発話をコントロールできていないことにくわえて、冷静に判断する工程を少々面倒に感じていることが原因だと考えられます。

ですから、発話のコントロールの鍵を握るのは、ずばり「口を閉じる」という単純なことに尽きると思っています。

私の場合は、息子に決めつけた言い方をしないよう、「ドアを開けて状況を目で見るまでは口を閉じる」ことを心がけています。ドアを開けてから状況を判断するまでの、ほんの2秒ほど無言でいられれば、事実を確実に把握してから、必要なことだけを発言することができるからです。

実際に試してみると効果覿面《てきめん》で、こちらが余計な「決めつけ」を言わずに済むと同時に、互いにストレスを感じる場面が減ったようにも感じます。

ことの大小に関係なく、話を聞いてもらうチャンスも与えられない状況で、誰かから勝手に非があると決めつけられて、ネガティブに誤解されることはとてもつらいことです。そのような体験は、誰もが避けたいはず。

大切な人を傷つけず、良好な関係性を保つ最良の方法は、事実や根拠を確認するまで、ほんの数秒、口を閉じることです。（自戒を込めてですが）家庭や学校などの教育現場でも、忘れてはいけない鉄則なのです。

14　金縛りは心霊現象ではない！

唐突ですが、あなたはこれまでに「金縛り」を体験したことがありますか？

私は子どものころ、そして大人になってからも何度か体験したことがあります。

金縛りと聞くと、つい心霊現象だと勘違いする人がいらっしゃるかもしれませんが、医学的には「睡眠麻痺《まひ》」と呼ばれているそうです。

そのメカニズムとしては、金縛りが起こっているとき、通常のレム睡眠よりも脳が活発に活動しているため、鮮明な夢を見やすい状態となり、錯覚を起こしやすくなったり、睡眠中は脳内の恐怖や不安を感じる部分が活発に働くためなどとも言われています。

ところが、子どものころは、そのような情報を知る由もなかったため実際に、金縛りにあったときの怖さといったらありませんでした。

「なんだ、金縛りは医学的に説明できる現象なのか」と理論的に理解できると、いとも簡単に安心することができるものです。

また天井のシミや雲を眺めていると、それが顔のように見えてきてしまうことがありませんか。こうした現象は、詳細なメカニズムはまだ解明されていないそうですが、パレイドリア現象（視覚情報だけでなく聴覚情報に関しても含まれる）と呼ばれています。

それに関連し、私たちが逆三角形に配置された三つの点を人の顔に見てしまうという錯覚や脳の働きを、「シミュラクラ現象」と言うそうです。

こうした現象についていくつかの情報を調べてみると、諸説あるものの、私たちにとって人の顔を判別することは、生存に不可欠な能力であるため、まったく別のものが人間の顔に見えるのではないかと示されていました。

そんなわけで、金縛りも心霊写真も、幽霊に見える天井や壁のシミも、実際は私たちの思い込みや、錯覚によるものなのかもしれないのです。

とはいえ、世の中の、すべての現象が科学的に解明されるものではありません。

私は、十五夜に中秋の名月を見上げて「ウサギがお餅をついているのが見える！」と、子どもたちと盛り上がりますし、旅行から無事に帰宅すると、きまって「お母さん、おばあちゃん、見守ってくれてありがとう」と、亡くなった家族や祖先に感謝するなど、科学的な根拠のない思い込みのオンパレードで暮らしていることも事実です。けれども、それは、根拠がないとしたうえで、楽しんだり、懐かしむという心地好い時間になっています。常々思っていることは、自分の思い込みだけを信じて生活するより、医学や科学などあらゆる可能性から検証する情報を味方につけて生活しているほうが、物事を、柔らかい視点から判断できるので、穏やかに日々を過ごせるということです。

たとえば、金縛りにあうたびに恐怖で眠れなくなることや、旅先で撮影した写真に人影らしきものが写り込んでいたら心霊写真だと決めつけることは、ストレスになります。しかし、そうした出来事を客観的に検証しようとする行動力と知識があれば、本来はそうしたストレスを感じずに済むのです。

それは、人間関係も同様です。「医者や弁護士は、皆、上から目線だ」「10代のアルバイトスタッフは何を考えているかわからない」などと、根拠もなく思い込んでしまうと、実際に人と会う場面で、余計に緊張してしまいます。表情や態度が硬くなり、それが相手にも伝わってしまい、うまく会話が嚙み合わないなんていうこともありえます。

そこで相手に対する思い込みをいったん外し、肩書きや属性といった表面的な情報ではなく、「きっと、いろいろな苦労や努力をしてきた人なのだ」「アルバイト中に、何か困ったことはないだろうか」など相手を観察することで得られる情報から、相手に向き合ってみましょう。

そうするだけで、コミュニケーションのストレスが減り、より冷静で、穏やかな気分で日常が過ごせることになるでしょう。

15　相手の「思い込み」をポジティブに変える方法

街を歩いていると上質なバッグや靴を合わせたコーディネートが、いつも自然で、まるで本人に馴染んでいるかのようなセンスを持つ人たちがいます。

ある日、そんなセンスのある友人の一人と、街でばったり会ったときのことです。

その日の彼女のファッションは、ストレートですっきりとしたスタイルで両サイドにフリルが付いているデザインのシンプルな黒いパンツに、無地の白いTシャツを合わせたコーディネートでした。

思わず、その黒いパンツがとても素敵に似合っていると本人に伝えると、彼女は「ありがとう！　これは○○で買ったから、すごく安かったのよ」と笑顔で教えてくれました。

なんと、そのフリルが付いた黒のパンツは、ファストファッションブランドで税込価格3000円ほどだったそうなのです。

てっきり、仕立ての良いウン万円くらいの価格のパンツなのかと思い込んでいたので驚きました。

よくよく考えてみると、私は「いつもおしゃれな彼女が着ている洋服だから上質で高価なはず」という思い込みがあったことで、その黒いパンツに対する印象を決めていたのかもしれません。

そうした経験から、思い込みとは、初めて見る一つの情報だけで生まれるわけではなく、知らず知らずのうちに蓄積された過去の出来事や経験など、複数の情報から生まれることに気づかされました。

そのように考えると、この仕組みを、うまく使える場面が思い浮かびます。

たとえば失敗の許されない就職面接の場面で、「私なんて、頭も良くないし、不安だし、自信がないと見透かされているはず……」などとネガティブな思い込みをしたとしましょう。

しかし、もし面接者が堂々とした笑顔と、礼儀正しいお辞儀で入室し、落ち着いて自己紹介ができれば、その時点で複数のポジティブな印象が生まれます。そのことにより、面接官から見れば「聡明《そうめい》で自信のある人だな」と思い込んでもらえる可能性があります。

内面ではネガティブな感情を抱いていたとしても、外見で自信のある情報（態度）を多く発していれば、受け手はポジティブな印象への思い込みを強化していくのです。

そうした受け手の思い込みを想像し、「私のことを、自信がある人だと思ってくれているはず」というふうに自己暗示をかけながら面接ができれば、緊張と不安を抑えて、話す言葉や内容も、ポジティブに変えていくことが期待できそうです。

「自分に自信がない」「就職できない」「もう歳だから」などというネガティブな思い込みが、あなたの本来の魅力を発揮することを邪魔しそうになったら、何か一つ、外見にポジティブな印象をプラスできればいいのです。

まずは、髪型を整え、口角を5㎜ほど上げて余裕を感じさせる品の良い表情を作ります。次に、猫背を直し、背筋をまっすぐにして、姿勢を正してから、闊歩《かっぽ》します。そして、丁寧なお辞儀をしてゆっくりとはっきりと自己紹介をするだけです。
そうすれば、あなたは「自信のある人」だと、相手に認めてもらった状態から、会話をスタートできるというアドバンテージを手に入れられるのです。

註
＊1　出典＝Suzanne, Higgs, Jessica, E. Donohoe. Focusing on food during lunch enhances lunch memory and decreases later snack intake. *Appetite*, 2011; 57（1）, 202-206.

第二章 「心地好い会話」の裏には観察がある

16 会話の反応はすべて「観察」から生まれる

突然ですが、次の三つのアイテムを今すぐ絵に描いてみてください（頭の中でイメージしてもいいのですが、できれば紙とペンを用意してみましょう）。

① 玄関のドアノブ
② 使っている歯ブラシ
③ トイレットペーパーホルダー

もし、一つでも完璧に絵を描けた方がいらしたら、それはとてもすごいことです！

しかしながら、「なんとなく」しか描けなかった読者の方が、多かったのではないでしょうか（私も同じです）。

絵に描いてみることでわかるのは、いずれのアイテムもほぼ毎日目にして触れているのにもかかわらず、細部までは記憶できていないことです。

こうしたことが起こるのは、私たちが見るもの聞くもの、触れるものすべてを完璧に記憶することができないからです。ですから、普段見慣れているものが思い出せないのは、脳が情報を取捨選択し、重要なところで処理能力を使えるようにしておくための省エネ対策をしているからとも言われています。そのようなわけで、絵が完璧に描けないことにがっかりする必要はありませんのでご安心ください。

これらの絵を完璧に描けるかどうかは、対象となるモノを意識的に観察しているか、していないかだけの差なのです。

それでは、日頃のコミュニケーションの場面に、話を置き換えてみましょう。

「自分なりにアドバイスをしたのに相手の反応がうすかった」とか「会話を盛り上げようとしたのに相手が乗ってこなかった」などという悩みは、そもそも相手への観察がうまくいっていないのかもしれません。

たとえば、ウェブデザイナーとして働く会社員の友人が「まだ誰にも話していないのだけど、来年の春にウェブデザイナーとして独立しようかと考えている」と、あなたに話したとします。

こんなとき、心配になって「独立してからの収入は大丈夫なのか」「会社を辞めるなんてリスクが大きいのでは」などと、つい口走ってしまう人もいるかもしれません。

ここでは、相手の話の中の何をどのように観察すればいいのでしょうか。

観察する際に着目したい点は2点あります。

【友人があなたに話した内容】

「まだ誰にも話していないのだけど、来年の春にウェブデザイナーとして独立しようかと考えている」

【着目したい点】

① まだ誰にも話していない

② 来年の春

まず①について着目してみると、友人は、独立の話題を、あなたに初めて話したことがわかります。

つまり、それが、あなたを信用してのことだとすれば、あなたは「大切なことを聞かせてくれてありがとう」と、まずは友人に感謝を伝えることを優先すべきだとわかります。

そうすることで、友人は、あなたに腹を割って話せて良かったと安心するでしょうし、あなたへの信頼感が増して、会話が弾みやすくなります。

次に②の「来年の春」という、具体的な計画の決断に至った理由に着目しましょう。

そのことを無視し、思い込みだけで「独立なんてうまくいくはずないよ」と反応しようものなら、友人はあなたにそれ以上、大切な話をしたいとは思えなくなるでしょう。

そこで「来年の春？」と、繰り返し（おうむ返し）たり、「なぜ、来年の春に計画をしているの？」と質問をしてみるのです。

すると、相手が「ちょうど今年は勤続10年の節目なのと、来年の春には、これまで仕事をしながら通ってきたビジネススクールを卒業できる予定だからなんだ」と、本人なりに計画性を持っての決断であることが判明するかもしれません。

こうした情報を知ったうえで会話する状況と、情報がないまま、勝手な思い込みだけで批判したり、話を遮るばかりの状況を比べてみましょう。

前者の状況のほうが、明らかに話し手の満足感や、あなたへの信頼感を高めていけるのではないでしょうか。

このように会話を観察するには、全体内容だけでなく、相手の発した一つ一つの言葉を意識しながら、単語ごとに着目し、相手の真意や状況を理解しようとすることが必要であるとわかります。

逆に、相手の状況を訊き出さず、真相がわからず情報もないままにする「独立なんて甘い考えだ」といった決めつけた発言は、アドバイスにはなりません。それは単に、余計な一言になってしまいます。

あなたが友人のことを心配し、応援したいと考え、自分のことを信用してほしいと願うならば、まずは会話をよく観察し、キーワードとなる単語をくみとりながら相手の意図を理解しようとすることから始めてみましょう。

17 観察力がある人は失言しない

「（東日本大震災に関して）まだ東北で、あっちのほうだから良かった」

「戦争をしないとどうしようもなくないですか」

「女性がたくさん入っている理事会は時間がかかる」

こうした失言と言われる発言は、その一部を切り取ってみるだけでも、耳を疑うような内容ですが、これらはすべて日本の政治家が過去に公の場で話したとされる内容です（この中には政治の中枢で要職についていたような人たちもいます）。

誰が失言したかによっても、その影響力は変わり、そのことで特定の人たちが傷つき、憤慨し、不信感や不安を抱えたり、国益に関わる問題へ発展しかねないという危機感を、私たちは身をもって体験してきたのではないでしょうか。

失言の問題については、「リスクマネジメントができていない」「品や教養がない」「常識がない」「うっかり者だから仕方がない」「想像力がなく社会勉強が足りない」など、さまざまな角度からの意見が世間で囁《ささや》かれています。

たしかに、そうした意見も一理あるかもしれませんが、失言をした人たちに最も足りなかったのは観察力であると私は感じています。

誰もが個人的な信念や、価値観を持つことは自由ですし、それらが個性や「その人らしさ」となります。そして、それらを言葉や態度に表す前に、状況や場面ごとに「自分らしさ」の何を引き出し、あるいは引っ込めたりするのか。その見せ方に配慮しながら社会生活を送っているともいえます。

その際に重要なのが観察力です。自分らしさや、自分の意見の見せ方に配慮するためには、自分の立場をわきまえ、相手の反応の予測を前提として、どのように意見を加工するかの能力が問われるのです。

こうした「見せ方」について具体的に考えてみましょう。

たとえば、あなたが母校の小学校から「子どもたちに『本を読むことの楽しさ』を伝えてほしい」と、全校児童の前で15分ほどの講演を頼まれたとしましょう。

人前で話をすることに慣れているかいないかは関係なく、卒業生として、全校児童の前で15分ほど講演をすることになった場面を想像しながら考えてみましょう。

さて、その講演を成功させるために観察力をフル稼働させるとして、あなたはどのような準備をしたらいいと思いますか？

講演の目的や目標を考えることはもちろんですが、講演の成功の鍵となるのは、講演を聞く相手と状況について観察（推察）し、想像力から得られる情報を活用することです。

- 子どもたちの人数や属性
- 子どもたちの読書環境と実態
- 子どもたちの興味関心のレベル
- 子どもたちの家庭環境

●教員たちの思惑
●子どもたちが家に帰ってから保護者に話す場面

このような情報から考えられることとして、仮に人数が少ない学校で講演するのであれば、肩を寄せ合って座る形式にしようと決めることができます。そして、そのような形式であれば児童たちとの距離が近いため、清潔感があって、動きやすいファッションを選ぼうといった準備ができます。

また、読書が習慣化されている学校の児童と、そうではない環境にいる児童では、読書の捉え方が違います。講演をする学校の児童がどのような環境にいるかを知っていれば、取り上げる本の難易度や、知名度、話題性などをどのように設定するかを調節できるでしょう。

同時に、現代の貧困家庭問題は、深刻かつデリケートに扱う配慮が求められますので、貧困家庭の児童がいるという情報があれば、「まずは次の土曜日に本屋さんへ行って、お父さんとお母さんに、本を買ってもらいましょう！」などとは発言すべきではないでしょう。

どの家庭にも、子どもには両親がいて、土曜日であれば、書店に連れて行けるはずという思い込みを外すことができれば、親がいない家庭もあることに気づき、経済的に本を買えない環境下の子どもを傷つけたり、孤立させてしまうような可能性のある言葉を避けることができるのです。

さらには、中学受験をする児童の有無と、人数の比率（多いのか、少ないのか）、あるいは児童の保護者の職業が漁業や農業か、都心で働く人が多いのかなどによっても、子どもたちの将来に対する社会の見方は変わります。

そうした状況に合わせて、どのように講演内容を落とし込んでいくのか、話の構成や表現の工夫が必要となります。

観察すべきは、子どもたちだけではありません。講演を企画した先生も観察する必要があります。もし、先生方が熱心で普段から読書の指導に力を入れていたとしたら、同じ方向性のキーワードを織り込んで講演で話してみるのも効果的です。すると、あなたの講演と学校側の主張に一貫性が出てくるので、子どもたちに受け入れてもらいやすくなるでしょう。

逆に観察を怠り「自分が話したいこと」や「自分が知っていること」だけで、内容を構成するのは御法度です。「自分には関係がない話だな」「誰にでも当てはまる話だな」と聞き手の関心を遠ざけてしまうのみならず、話し手の観察が足りないことや、付け焼き刃の内容であることが、簡単に見破られてしまうのです。

そもそも、「母校で読書についての講演をする」というシチュエーション自体はとても稀《まれ》かもしれません。しかし、自分の勤めている企業の研修や、ちょっとした地域の集まりなどで、自己紹介をしたり、人前で一言、話す機会や、友人の結婚式でのスピーチなどもあるでしょう。そうした場面においても、日常的な会話の場面でも相手を観察するときの着目点は同じです。

たとえば、以前、友人の結婚式で「今月は週末のたびに、結婚式のスピーチを頼まれてしまって……」と、前置きをしてから、新郎側のゲストとして呼ばれていた議員の男性が話し始めていました。「週末のたびに」とは、それぞれの結婚式を軽く見ているうえに、まるで自分が大変な思いをしているとアピールしているかのようですし、「頼まれてしまって」とは、失礼なうえ、面倒そうな印象を与えてしまうため晴れやかな結婚式の場にはまったくふさわしくないメッセージです。そもそも、自分が毎週末、結婚式のスピーチを頼まれたという個人的な話は、会場にいた人たちにはなんら意味のない「どうでもいい情報」であることを観察できなかったことが問題なのです。

要するに、「話す」「伝える」という場面では、常に相手を主体に置いた内容を組み立てることが重要なのです。それをしない限り、相手が安心したり、満足したり、快く納得してくれるようなメッセージを生み出すことはできないといえます。逆に相手の置かれた状況や、相手が求めていることを観察した情報から、自分が相手のためにできることを探して言葉を分別できれば、失言することはまずありません。

発言の前には、相手に喜んでもらえる言葉も傷つける言葉も、同時に把握しておきたいものです。

正論やあなたの意見は、決して間違いではないかもしれません。しかし、それらが相手にとって求められているのか、相手が心地好く思える話であるのか。それらを分別できる判断材料を、観察によって得られるかどうかが問題なのです。

18 「あなたにとって良い経験になるから」は失礼である

以前、私と同じく講師業をしている知人女性Iさんから、観察力について考えさせられるエピソードを聞いたことがありました。

内容をざっくりと説明すると、その女性Iさんは、10年以上の研修講師歴があり、一度、講師を担当すると、数々の企業からリピートで仕事を依頼されるほど評価され、多くの実績のある方です。

そんなIさんに、ビジネススキルに関連する非営利団体の担当者を名乗る方から、通常の研修報酬の10分の1ほどの条件で、講演の依頼のメールが届きました。ちなみに、Iさんがその団体と関わるのは初めてであり、非営利団体ではあるものの講演会の参加者は数千円の参加費を払うという趣旨だったそうです。

彼女が受け取ったメールにこんな一文がありました。

「今回の講演は、Iさんにとって、良い経験にもなるかと思います」

結局、Iさんのスケジュールが合わず、丁重に断ったそうですが、彼女はモヤモヤとした気持ちを私に話してくれました。

その非営利団体が主催する講演会で参加者に参加費を請求していたり、その参加費の用途が不明確だったことも、すっきりとした気持ちになれなかった理由の一つだったと言います。

なによりIさんがモヤモヤとした理由は、メールからあからさまに伝わる違和感でした。まず、初めて仕事を依頼するメールだというのに、団体の紹介や、なぜIさんを選んだのかさえ書かれておらず、「お世話になっております」（まだ『お世話』になっていないのに）から始まる、一般的な定型文からなる、わずか数行ほどの軽い文章で講演の依頼をしてきたことです。

初めての相手に対する依頼のメールでは、正確な情報で自分を名乗り、熱意と礼節をバランス良く文章や内容に組み込むことは、対人関係における基本です。そうした基本を省いたり、惜しむことは、準備が杜撰《ずさん》で、面倒がっていることが明らかで、相手から信用される可能性を低くしてしまうだけなのです。

そして、その基本からかけ離れている内容として着目したいのは「Iさんにとって、良い経験にもなるかと思います」という文章です。

これでは、書き手が上から目線で、傲慢な人だという印象を与えかねません。

実際にどのような経験にしても、講師として自発的にいろいろなことを吸収したほうがいいでしょうし、ましてやIさんのような謙虚な方でしたら、会ったこともない相手から、わざわざ言われる必要もなく、常に積極的な姿勢で現場に臨むはずです。

ちなみに「あなたにとって、これは良い経験になりますよ」と相手に伝えるのは、立場や年齢に関係なく、余計なお世話であるという認識も必要です。また、たとえ受け手と信頼関係があったり、必要な情報を与えられる専門家であっても、「良い経験になるかもしれませんね」と表現を柔らかくしたほうが押し付けがましくない印象が残ります。

今回のケースでは、互いに信頼関係がまったくない中で、あたかもIさんに「チャンスを与えてあげている」と受け取られてしまうような、上から目線の印象を与えてしまっていたことが残念でなりません。

もし「薄謝となってしまい、誠に恐縮ではございますが、ぜひとも、ご経験豊富なI先生に講演について検討していただけましたら幸いです。お忙しいところ、大変恐れ入りますが、ご返信をよろしく、お願いいたします」というような問い合わせ内容であれば、その後のやり取りは、確実に変わっていったはずです。また、受講料の用途（会場運営費など）も明らかにできれば、なお説得力が上がります。

誰かに何かお願いするときには、「自分が相手の立場だったらどう思うだろう」「相手に失礼ではないだろうか」「どのような言葉であれば敬意が伝わるだろう」などと、自分への問いかけができれば、違和感を感じさせる無礼だと思われるような一言を回避することができるのです。

突然ですが、一つ簡単な質問をします。

もし、あなたが職場で出向を命じられ、そのことについて、後輩社員から「出向は○○さんにとって、良い経験になりますよ」と言われたら、どのように感じるでしょう。

憤慨するほどのレベルではないかもしれませんが、「余計なお世話だ」とか、「（自分のことを）ずいぶんと上から見ている感じだな」という感覚は、少なからず持ってしまいそうです。

ほかにも、相手が努力して手に入れた結果や、人知れず苦労していることに対して「結婚できて良かったね」「再就職できるなんて、運がいいね」「子育ては、誰もが大変なんだよ」などと、平然と相手に伝える人たちもいます。

こうした言い方をする人たちは、コミュニケーションにおいて独りよがりであり、「もっと自分の『立ち位置』を観察してみよう」とか「どうやって伝えれば、相手が気持ちよく喜んでくれるだろう」という、相手重視の視点や客観性が欠けています。

このことは、決して年代や育ち、学歴などとは関係ありません。相手重視の視点を持ち観察力を鍛えるためには、まず、自分の発言にどのような反応が返ってくるかを最低でも三つはイメージできるようにしましょう。

そのことが習慣化できたら、三つの反応から自分は次に何を伝えるべきかを、準備できるようにしてみます。

たとえば、再婚することが決まった友人に、「おめでとう」と、お祝いの言葉を伝えるときのことを想像してみましょう。

その際、予測できる相手の反応（言語的な）のイメージの例を、以下に挙げてみます。

【三つの予測例】

＊矢印の右は、予測している相手の反応、左は、相手の反応から自分が伝える（気をつける）こと

・「ありがとう」
←結婚相手の好きなところを訊いて話題を盛り上げよう

・「（結婚が）二度目だから慎重なの」
←プレッシャーをかけるような言葉は控えよう

・「もう、いろいろと準備で忙しくて」
←体を大事にしてほしいことと、何か自分に手伝えることがあるかを訊いてみよう

このような観察の習慣を続けていくことで、「あの人は失礼だ」と思われることを避けて、心地好い会話ができる人として相手から信用される存在になることができるでしょう。

19 「慎重な人」と「めんどくさい人」は紙一重

あなたは、「慎重な人」と聞くと、どのような人を想像しますか？

たとえば、家電を選ぶ場面で、商品の仕様や価格、購入者のレビューなど、あらゆる情報を調べ尽くしたうえで、納得のいく商品を購入するという人でしょうか。

あるいは、友人から人間関係の相談を受けると、じっくりと話を聞き状況を理解したうえで、必要な言葉のみを発する人を想像するのではないでしょうか。

一般的なイメージとして、慎重な人は、あらゆる決断が満足のいく結果になるよう合理的で効率的に情報収集し、それらを細心に取捨選択できるという点で、その言動に一目置かれるのかもしれません。

私の周囲にも、そんな慎重派の特性を持つ人がいて、いろいろと教わることがあります。

ちなみに、私自身を振り返ると、慎重な思考は全体の6割程度で、残りの4割は「まいっか」「どうにかなるさ」というざっくりとした思考が占めています。

そんな私が、このような慎重派の特性のある友人たちと一緒にいて楽しいのは、彼らの決断の進め方が明快でスピーディーなところと、相手に対して強要しない柔軟性を持っているからだと感じます。

たとえば、20代のころ会社員時代をともに過ごし、現在も仲良くしている仲間のうち、ソムリエの資格を持っている友人二人とのエピソードがあります。

お酒をまったくといっていいほど飲まない私にとって、ワインリストはまるで暗号が書かれているかのようです。

しかし、彼女たちと一緒に食事をすると、ワインの知識をひけらかすこともなく「珠央《たまお》には、これがいいね」などと、お酒が苦手な私に飲みやすい乾杯のシャンパンを、二人でさらりと決めてくれます。

くわえて私が1杯目の飲み物（ノンアルコール）を迷いなく決めたときも、彼女たちは私に合わせてとりあえず1杯目のワインを注文し、2杯目以降はじっくりと選んでいます。

慎重にワインを吟味しながらも、私に気を遣わせないように配慮までしてくれるのです。

このようなエピソードを、私と同じくお酒を飲まない別の友人に話したところ、彼女は「うちの会社の部長とまったく逆だわ」と嘆いたのでした。

彼女いわく、その部長はワインに目がなく、知識も豊富だそうですが、会食時にはワイン選びに没頭するあまり、ワインリストを手にしたまま10分近くもうんちくについて話すことがよくあるそうです。

その挙げ句「この赤ワインはとても特別だから」と言って、お酒にあまり強くなく、白ワインのほうが飲みやすいと言っていた男性社員にも、お構いなしに自分の好きな赤ワインをすすめてしまうような強引さもあるようです。

こちらの部長にとって、ワイン選びの時間は、ワインを味わうことと同等の大切な時間であることはわかります。ですから、ワインリストから慎重に考え抜いて選んだ赤ワインには価値があり、最高の味わいだったのでしょう。

けれども、体質に不安がある男性社員を巻き込んでまで、その赤ワインを注文したことに、そこまでの意味があったのでしょうか。

自分の好き放題に知識をひけらかし、自分の決断を押し通すような強引さに、相手がドン引きしていることに気づくこともできないとは、周囲の人たちが気の毒としか言いようがありません。

結局、その部長は会食時になると「慎重な人」ではなく「めんどくさい人」として、有名になってしまったということで、なんだかみょうに納得してしまいました。

繰り返しますが、慎重なことは、合理的で効率的に決断するためのきっかけとしてメリットがあります。

ただし、関わっている人たちへの配慮が欠けてしまえば、慎重さを飛び越えて「めんどくさい人」と思われるデメリットがあることも覚えておきたいところです。

「めんどくさい人」は、こだわりが強く、思い込みが激しく、自分勝手で配慮に欠ける無礼な人という印象にもつながりかねません。

せっかく、こだわりがあるほどの素晴らしい情熱や知識を備えているのですから、ぜひ、それらを独りよがりではなく、相手に心地好く感じてもらえるかどうかという視点で、活用していかれたら素敵です。

それでは、身近にいそうな「めんどくさい人」の例とともに、「めんどくさい人」にならないために、どのように対処すべきかを（　）内に、まとめたものを紹介します。

【めんどくさい人の事例とそうならないための対処法リスト】

・レストランで店員との話が長い人（一緒にいるゲストとの会話を最優先にしよう）
・自分で提案はしないが他人の提案には文句を言う人（文句を言うなら提案もしよう）
・お店選びや、メニュー選びに時間をかける人（相手が決めてから20秒以内に決めよう）
・次に会うときの日時、場所などのやり取りが多い人（具体的なアイディアを出し合いサクサク決めよう）
・第三者の話題に時間を割く人（「3分だけ私の友人の話をしてもいい？」と了解を得よう）
・会議で意見を求めるとダラダラと話してしまう人（主観や感想ではなく、根拠や提案、方法について15秒で話そう）
・受験するか迷っている資格試験を受けた人に「どんな問題が出た？」と訊く人（まず

は自分で調べよう）

・お店の提案をした人に対して「レストランAは行ったことがないかも」と曖昧で、感想のみの返信をする人（提案に対してお礼を伝えて決断しよう）

・「最終確認はまだなのですが……」と、締切日に資料を送る人（最終確認してから送信しよう）

・「それでは5日13時でお願いします」と言われたのに「本当に大丈夫ですか？」と返信する人（「ありがとうございます。ぜひ5日13時に、お願いします」と返信しよう）

・相手の提案に対して「ちょっと考えたいかもしれません」と言う人（「2日ほどお時間をいただけますか？」と具体的なスケジュールを提案しよう）

・待ち合わせ相手に「（事故の詳細を長々と……）ちょっと遅れます」とメッセージを送る人（自分が無事なら、事故の詳細より「申し訳ございませんが電車の事故の影響で10分ほど遅れます。恐れ入りますが、先に飲み物を注文していてください」という謝罪と提案を伝えよう）

実際に使う言葉に、ほんの一工夫があれば、誰もが「めんどくさい人」になることを避けられます。あなたの慎重さが、よりスピーディーで、丁寧な言動となって相手に届くよう、ぜひこのリストを活用してみてください。

20　安心感を与えるには「具体的な言語化」が効果的

「ママ、だあれ？」

ある日、自宅近所に住んでいる3歳のRくんとお母さんに、道でばったり会ったときのことです。Rくんは、私のことを少し心配そうに見ながらお母さんに質問しました。

私は、Rくんがお腹《なか》の中にいるときから、お母さんとは、たまに挨拶や会話を交わしていて、彼の名前も知っていました。しかし、幼いRくんにとっての私は「この人は誰なんだ」と疑問を自然と持つ対象でした。

するとRくんのお母さんは、私のことを「ママの大切なお友だちの、珠央さんだよ」と、優しい声で紹介してくれたのです。私からも自分の名を名乗り「Rくん、お母さんのお荷物を持つお手伝いしているの。素敵だね！」と伝えると、パンの入った小さな袋を握りしめながら、Rくんがニッコリとしてくれました。

私がお母さんの「お友だち」と聞いてRくんはホッとしたでしょうが、お母さんがあえて「大切な」と言ってくれたことで、私に対する警戒心がスルッとほどけたようにも見えて嬉しく感じたのでした。

その後も、Rくんは私が手にしていた花を見て、指差しをしながら「あ、お花だ」とつぶやいて、私のことを観察し続けてくれました。

そのおかげで「そうなの。ピンクのお花が好きで、部屋に飾ろうと思って、お花屋さんで買ってきたの。Rくんは、何色のお花が好き?」と私が反応すると、会話が続き、すっかり仲良くなることができました。

ここまでのやり取りでおわかりいただけるように、Rくんが発した一連の言葉は、自分が「知りたいこと」と「気づいたこと」という二つに大きく分けられます。

考えてみると、大人も社会生活を送る中で「知りたいこと」や「気づいたこと」を、何かしら持ちながら人と関わっています。

私たちは互いに「あなたはどんな人ですか?」「信用できる人ですか?」という疑問を

持ち、内心では相手に対する興味や期待、不安や警戒心などを抱きながら会話をしています。つまり、会話の多くは、相手のことを観察する目的があるとも言えます。

誰もが安全な生活を送るために、安心して人と関わっていきたいのです。こうした願望は、人間性心理学を唱えたマズローの基本的欲求の階層理論において、基本的欲求に含まれる「安全欲求」に分類されるでしょう。

そのことを前提にして考えると、コミュニケーションを通じて、いかに互いに安心感を与えられるかが、会話や関係性の発展に大きく影響することが容易に想像できます。

Rくんのお母さんのケースに話を戻してみると、Rくんが「ママ、だあれ?」と訊いたときに、安心できる情報をどのように表現すれば与えられるかを考えた結果「大切なお友だち」という言葉が出てきたのでしょう。お母さんの言葉選びのセンスに脱帽です。

場面は変わり、お見合いや飲み会の席で、初対面同士で会う人の場合を考えてみましょう。このような状況では、互いに安心感を求めているはずです。

まずは「初対面で、どなたかとお会いすることが久しぶりで、とても緊張しています」といった本心を素直に伝えてみると、「私も同じです」などと相手からの共感を得やすく、結果的に安心感や親近感を持たれやすくなるでしょう。

あるいは、紙袋をたくさん手に持った旧友とばったり駅で再会したなどという場面を想像してみましょう。この場合では、「久しぶり！　元気そうだね」と伝えたあと「荷物が重たそうだけど大丈夫？」と尋ねることで、あなたの優しい心遣いに安心感を感じてもらいながら、久しぶりの会話をスタートできるのです。

私たちは相手に信用してもらうために、「安心感を与える」という前提に立って、伝えたい内容や適切な言葉を選ぶことが常に求められています。

このように相手に安心感を与えるためには、相手の現状を観察し、想像を膨らませていくことが重要になってくるのです。

そこで日常でできる、想像を膨らませやすくする簡単なゲームを紹介します。

あなたの自宅の最寄りの駅のホームやバス停、あるいは信号待ちで見かけた人の背景を想像するというゲームです。

たとえば、大きな花束を持って待つ人がいたとします。その花が、自宅に飾るためのものなのか、墓参りのためのものなのか、お祝いなのか、仕事の道具なのか……など「知りたいこと」と「気づいたこと」を、一つのシーンから頭の中で三つ以上は想像し、言葉にしてみます。

三つの想像がクリアできる人は、数を増やしていき「まさかね」と思えるような、意外で、面白い発想をしてみてもいいでしょう。

このように一つのことから観察できる情報を膨らませ、言語化する習慣をつけていくことで、相手に安心感を与える言動のヒントとなる情報の質を上げていきましょう。

相手に安心感を与えるためにもう一つ重要なポイントとしては、Rくんのお母さんのように「大切なお友だち」「珠央さんだよ」などと、情報を口に出して具体的に伝えることです。

たとえば「ちょっとした知り合い」という曖昧な情報を伝えると、逆に「『ちょっと』って何？」「『知り合い』って、どこで出会ったの？」と相手が気にしてしまい、詮索しかねません。

もし、今の段階ではまだ相手に伝えることができない事情があることを尋ねられた場合には、話題を変えたり、誤魔化すことはせず、「はっきり決まってから話すつもりだから、そのときまで待ってほしい」と正直に説明してみるのもいいでしょう。

なぜ今、話すことができないのかという理由を、伝えられる範囲内で具体的に説明することで、説得力が生まれて相手が納得しやすくなるのです。

このように、相手に安心してもらえるよう想像を膨らませ、具体的な言語化を目指していきましょう。そうすることで、あなたの発する言葉は、今まで以上に安心感と説得力をもたらすことができるでしょう。

21 自分の話ばかりしてしまう人は『徹子《てつこ》の部屋』を観《み》てみよう

1976年（昭和51年）から続く『徹子の部屋』（テレビ朝日）は、全国的な知名度を誇るので説明は不要かもしれませんが、女優の黒柳《くろやなぎ》徹子さんがMCを務め、平日の昼間に、異なるゲストを迎えるトーク番組です。

2011年に「同一の司会者による番組の最多放送回数記録」でギネス世界記録に認定、2015年には放送1万回を達成。今もなお続く長寿番組として年代を問わず人気を博しています。

私自身も『徹子の部屋』のファンの一人です。この番組の魅力は、なんといってもMCの黒柳徹子さんから伝わるゲストに対する心配りと、小気味良い展開です。とくにゲストがたっぷりと話ができるような黒柳さんの質問と反応の抜群のセンスは、視聴者を画面に引き込む強力な吸引力があるように感じます。

ちなみに、ゲストの魅力や素顔を引き出すために、番組のスタッフの方々が各ゲストに関する綿密な情報収集をしたうえで、黒柳さんとのすり合わせが行われており、台本もしっかりあるそうです。

しかし、いったん会話が始まれば、予測通りにいかないことも多く、黒柳さんはいつも臨機応変な対応を求められていることでしょう。

この番組で私が着目しているのは、ゲストの方から「徹子さんのほうが、すごいですよ！」「徹子さんにはかないませんよ」などと称賛されたときや、「徹子さんはどうされているのですか？」などと質問をふられたときの黒柳さんの反応のすばやさと短さです。

称賛に関しては、早いときは1秒以内に、シンプルな言葉での返答だけではなく、印象の良い表情や、笑い声で反応を見せます。そして、すぐさま「でも……」と言って、別の話題でゲストに質問を返す頻度が高いのです。

　また、ゲストから黒柳さんが質問された場合も、たいていが5秒以内で短く答えて、「でもあなたは、最近こんな活動も始めたんですって」「それで、今はどんなことに興味があるの」などと、ゲストへと完璧に会話のバトンを戻していきます。

　こうした会話のやり取りのおかげで、視聴者はゲストの話をたっぷりと聞くことができます。限られた時間内で、黒柳さんがＭＣとしての役割を全うされようとするプロフェッショナルな姿や、ゲストとの時間を大切にされていることが伝わってきます。

　仮に黒柳さんが、ゲスト以上に、自分を前面に出したいというような思いで番組に携わっているとすれば、ゲストから称賛されたり、質問されたときに「待ってました」とばかりに、自分のことを話し、番組内にゲストが複数存在するような、雑然とした印象になってしまうでしょう。

　日常のコミュニケーションの中でも、相手に話をふらず一心不乱に自分のことばかり話すような人がいると、「自分が話すこと」「自分が注目されること」「自分が称賛されること」ばかりが会話の目的になっているように見えてしまい、げんなりしてしまうことがあります。

このような人は、相手を観察の対象として大事にしていないからなのか、「私はこう思う」「自分のときはこうだった」など、自分中心の主語や話題が増えてしまいがちです。

そうなることを防ぐためには、誰かと会話や、行動をともにする際、自分にはどのような役割があるのかを瞬時に決めてしまうことが大切です。

役割といっても難しく考える必要はありません。

たとえば、あなたの友人がこのところ体調がすぐれなければ「不安を聞く（吐き出してすっきりさせる）役割」を、会議が曖昧に終わってしまうことが多いメンバーの中では「タイムキーパーやスケジュールを把握し提案する役割」など、状況に応じて自分の役割を頭の中で設定します。

役割を設定したら、主語の9割は相手にした会話を徹底してみましょう。そこからしばらく、質問を交えて、相手の話を聞いてみます。自分の役割に沿った情報をキャッチし、自分が何を伝え、何を提案すべきなのか、会話の流れを掴みやすくしていきましょう。

体調がすぐれない友人には「今は、一番どこがつらいの？」と訊いてみたり、まとまらない会議の終盤では「あのー、会議が残り15分となりましたので、そろそろ各自が今週中にできることの割り振りを決めてみるといいかもしれません」など。

自分が果たす役割を設定するだけで、あなたの観察眼は、適切で良質な質問や提案ができるよう、自動的に注意が向いていくでしょう。

「今、私の役割は何だろう?」という意識一つで、まるで『徹子の部屋』のように、ゲストたちに満足してもらえるような心地好い会話の時間や空間を、あなた自身も作り出していくことができるのです。

22 あなたはすでに〝観察上手〟!

小学生のころ、母親が夕飯のロールキャベツを作る隣で、背伸びをしながら作り方を観察していたことがありました。

茹《ゆ》でて軟らかくなったキャベツの葉を敷き、その上にお肉をのせて巻いた状態になったところで、母がスパゲッティの入った袋から、1本だけ中身を取り出しました。

そして、「これを折って、楊枝《ようじ》の代わりにして、キャベツの葉の重なる部分に刺すのよ」

と慣れた手つきで、硬いままの３㎝ほどのスパゲッティを、次々と葉の重なるところに刺していきました。

葉と葉のストッパー役となったスパゲッティは、見事にその役割を果たしながら、鍋の中で煮込む間に軟らかくなり、そのまま口に入れても違和感がなく、見た目もきれいに仕上がりました。

この方法でしたら、ロールキャベツを食べる前に楊枝を見つけ、それを抜くという作業はなくなりますし、片付けるときも食器を洗う前に楊枝を注意深く取り除いて破棄するという面倒な工程を省くこともできます。

思わず「お母さん、すごーい！」と、母の画期的なアイディアに大喜びした記憶があります。

読者の方にも、これに似たような、生活の中にあるさまざまな「代用アイディア」が、きっと一つは思い当たるのではないでしょうか。

たとえば、着なくなった古着を雑巾として再利用するとか、捨てようとしていた歯ブラシを窓のサッシの掃除用具として復活させてみたり。私たちは普段から身の回りのモノを観察し、経験から得た知識や情報の記憶を取り出して、取捨選択をしたり組み合わせたりしながら、効率的に生活しています。

こうした生活の知恵となる観察力は、まさに、本書の第一章の冒頭で述べている、システム1（直感的な思考）にも関連するかもしれませんが、注意しながら考えるというシステム2（熟慮や努力を要する思考）も連動しているのかもしれません。

また、スーパーで買い物をするとき、レジ袋や手持ちのエコバッグに買った商品をバランス良く、安定する状態で、見た目も良く整然と入れ終えている人を見かけることがあります。

「そんなの慣れよ」とか「こんなこと誰にでもできるわ」などと、ご本人はおっしゃるかもしれませんが、バッグの容量と商品の量や形状を瞬時に観察し、最適な入れ方を計算しながら手を動かせていたからこそなせる業なのではないでしょうか。

このように、普段から自分にとってなんなくこなせることを取り上げて、一つ一つの工程ごとに「なぜそれができたのだろう?」と分析してみると、観察力の仕組みについて知るヒントが見つけられそうです。

たとえば「着古したTシャツを雑巾にして下駄箱の中をきれいにしよう」というアイディアがあるとします。それは、何をどのように観察したことで生まれたものなのか、考えてきた順序を巻き戻してみます。おそらく「下駄箱をきれいにしたい」とか、もしくは「このTシャツ、もう着られないから捨てようかな」といった出発点が、イメージされるのではないでしょうか。

いずれも、自分の欲求や、自分を取り巻く状態に自発的に「気づく」ことが、すべての始まりとなるのです。

こうした習慣を応用し、人と会ったときにも同様に、自分と自分を取り巻く状態を知ることが、会話でも役立つ観察力を培う、第一のステップといえます。

つまり、あなたはすでに、観察力を味方につけて日常を過ごしているのです。そうした感覚を思い出しながら、会話中にも頭の中で観察したことを簡潔に言語化し、整理しておく習慣を意識してみませんか。

それでは、早速、実践編として本書を閉じてから最初に会話する相手の話し言葉について、観察してみるというのはどうでしょう。

相手が頻繁に、「ありがとうございます」「嬉しいです」「おかげさまで」「お忙しいところ、恐縮ですが」などという礼儀やポジティブさを感じられる言葉を使う場合もありますし、「絶対に」「本当に」「すごく」「やっぱり」「マジで」「めっちゃ」など、理論より感情面を優先するような言葉が多いことに気がつくときもあるでしょう。

前者の礼儀がしっかりしていて、ポジティブな言葉が多い相手の話し言葉を観察してみると、「自分も、同じように、感想やお礼をしっかり伝えよう」「依頼するときは自分も『恐れ入りますが』などと丁寧に伝えよう」などと思えます。

また、後者のように感情を優先したような言葉を多く発する相手の場合には、「少々、大げさに話す人だから、すべて鵜呑みにしないよう気をつけよう」「相手に合わせながらも、頭の中は冷静でいよう」「私も相手に合わせて、堅苦しくない言葉を使ってみよう」などと、自分がどのように振る舞い、どのような受け答えをすべきか、そのヒントを発見しやすくなるのです。

さあ、あなたの日頃の観察力を、早速、試していきましょう。

23　相手の「鼻声」に気づける人になる

離れて暮らす実姉とは、月に数回ほど電話で話しています。実家のことや、近況のほか「聞いてよ、こんなことがあったの……」などと他愛もないことまでを話し、私にとって良い聞き役になってくれています。

そんな姉は、電話で「もしもし」と最初に交わしたほんの2秒以内で、私の異変に気がつきます。

「風邪引いたの？　声がいつもと違うけど、大丈夫？」

風邪の予兆や、疲れが声に出ているなど、声に違和感があるときを、ずばりと言い当てるのです。

互いに声を聞き慣れた者同士、声の変化に気づきやすいということは事実ですが、ほかの家族からは誰が聞いても嗄《か》れているくらいの声でないと、こちらの異変に気づいてもらえることはありません。

あなたの周囲にも、些細な変化に気づける人がいるのではないでしょうか？

わずかな時間でも、あなたと話したり、メッセージのやり取りをしただけで「ひょっとして花粉症？」「いつもより目が腫れているみたいだけど、大丈夫？」「いつも以上に髪型がキマっているけど、美容院に行った？」「（メッセージを読んで）お急ぎの様子ですが、締め切りの期日は、間に合いますでしょうか？」など。

なかには、何か変化や違いに気づいていても「大したことではないから言う必要はない」と、あえて口に出さないだけの場合もあります。

また、周囲から心配されないほうが気楽だという人もいますから、ケース・バイ・ケースではありますが、私と姉のように互いにいろいろと話しやすい関係性であれば、相手の体調を気にかける目的で、気づいた異変を本人に訊くことは、ごく自然なことといえます。

相手の声嗄れを心配している側からすれば、「実は、カラオケで声を嗄らしてしまっただけなの」などと言われたら、体調は良好であると確認できて安心します。

また、誰かに「声の調子がいつもと違うみたいだけれど大丈夫？」と訊いてもらえたら、その心遣いに安心感や、頼もしさを覚えることもあるのではないでしょうか。

相手の様子についての変化や違和感に気がつけるのは、観察という行動があってこそ。

そもそも、相手の普段の様子をしっかり観察していなければ、いつもと違う様子に気がつくことはできません。

普段の様子を観察するとは、声をはじめ、話し方や話す内容、顔色や表情、仕草や歩く姿などから、健康状態やストレスレベル（緊張や不安）などの心身の様子のほか、相手のファッションの好みや、特徴などを知っておくことです。

たとえば、以前、左足を少し庇《かば》うようにして歩いていた同じマンションの方を駐車場で見かけて、「○○さん、歩き方が少しつらそうに見えたのですが、大丈夫ですか？」と話しかけました。

すると、笑顔で「いやあ、ゴルフで肉離れを起こしてしまって」と話してくれました。その後も、たまに駐車場でお目にかかると、「おかげ様で、だいぶ良くなりました」「来月には、またゴルフができそうです！」などと、先方から話しかけてくださる機会が増えていきました。

ほかにも、オフィスビルのテナント同士として知り合った女性には、「いつものニュートラルカラーのマフラーも素敵ですが、今日のような、明るいイエローのマフラーもお似合いですね」と話しかけてみると、「そんなふうに言ってもらえて嬉しいです」と大変喜んでくださり、彼女とも会話が弾むようになりました。

普段、何気なく観察していて、わかっている情報を頭の中で言語化していれば、いざというとき、咄嗟《とっさ》に「いつもとは違う」ことをすばやく比較し、親しみを感じてもらえるような、あるいは、気の利いた一言が出やすくなるのです。

それでは、信頼関係を築きたい相手に対して、最低限、知っておきたい「顔」「姿勢」「声や話し方」についての三つの基本的な観察リストを紹介します。

【観察リスト】

1　顔

・「話すとき」「聞いているとき」の表情（穏やかさ、険しさ、顔色、顎や口角の位置など）
・会話しているとき以外の表情（目線の位置、口の開き具合、顎や口角の位置など）
・メイクの濃さや色み、肌の状態、ヘアスタイルの乱れなど

・目の動き（視線の動き、アイコンタクトの有無と長さ、タイミングなど）
・アクセサリーの有無（まったく身につけない人、凝っているデザインを好む人、トレンドを取り入れている人、クラシカルで控えめな人など、それぞれの好みを観察する）

2 姿勢

・立ち姿勢と座っているときの特徴（姿勢の良さ、体の向き、手足の定位置、仕草の癖、相手との距離感など）
・会話中のジェスチャー（ジェスチャーの有無、頻度、動きの大きさ、スピード、丁寧さなど）
・お辞儀（お辞儀の有無、丁寧さ、タイミングなど）
・腕組み（他者の攻撃から身を守る動作としても考えられているため、頻度が高い人は、緊張や、警戒をしやすいなどといった可能性を考慮する）

3 声や話し方

・大きさ、高さ、スピード、落ち着き、震え方
・明るさ、強さ
・笑い声の特徴（大きさ、高さ、頻度など）
・話す量（多い－少ない）
・話の方向性（ポジティブ－ネガティブ）

たとえば、コンビニエンスストアで接客をしてくれた店員が、片側の頬に絆創膏《ばんそうこう》を貼っていたら、あなたは何を思うか想像してみましょう。

「怪我したのかな」

「絆創膏に血は滲《にじ》んでいないようだから治りかけかな」

「吹き出物が潰れてしまったのかな」

「そもそも吹き出物の原因は、肌質なのかな、生活習慣の影響なのかな」

「ひょっとしてケンカ!?」

一瞬でも、いくつかの憶測が頭の中をよぎるとすれば、あなたは、すでに本書で提案し

ている観察力を十分に使いこなしているといえます。

ちなみに、頬の絆創膏は、先ほどの観察項目リスト中の「顔・肌の状態」に入る観察です。

観察力を鍛えるには「何を観察するか」が出発点です。日頃から「観察リスト」の内容を一つずつ意識して実践してみましょう。

車の運転ができたり、新しく購入した家電をなんなく使いこなせるようになる感覚と同じで、リスト全体の項目を必要なときに取り出し活用していくことで、よりスピーディーに観察力をコントロールする術が身についていくことでしょう。

当然のことながら、観察できたからといって、相手のすべてがわかるわけではありません。しかし、少なくとも相手を観察して、より良いコミュニケーションを取ろうと努力している人の言動には、相手に対する好奇心や優しさ、親しみやすさが宿るのだと思います。そうした言動は、相手に「この人は自分をわかろうとしてくれている」という安心感を与えることとなり、おのずと人を惹きつける力がついていくのです。

24 「観察力」とは「気づいて実行するスキル」である

観察といえば、接客業の方々を見ていると、気づくことがたくさんあります。

たとえば飲食店でお客様のコップの水が空になる前に、水を注ぎに行く人や、注文した料理が運ばれる前に、カトラリーがテーブルの人数分揃《そろ》っているかを確認し準備している人などがいます。

店内が混み合っているかどうかにかかわらず、コップの中身やカトラリーの補充などに常に注意が行き届く人は、お客様から「すみません」と声をかけられる回数が圧倒的に少なく、その反面「ありがとうございます」と言われる場面が多いように見えます。

そういえば最近、いくつかの飲食店を訪れたとき「こちらにどうぞ」と案内してもらって席に着こうとすると、椅子やソファ、テーブルのすべてが油っぽく汚れているといったことが何度か続きました。

このご時世、飲食店の多くは人手不足だと言われていますし、たまたま私たちの入店の直前までてんてこ舞いの状況だったのかもしれませんが、テーブルや椅子の近くまで案内してくれたとき、一緒に間近で見ているのにもかかわらず、明らかな汚れに気づいてもらえない（あるいは無視している）ことが、いつも不思議だったのです。

あるとき、漆黒の木製のテーブルに、前のお客のものであろうバゲット（パン）の外皮のくずが見事に一面に飛び散った席に案内され、「こちらにどうぞ」と手でさし示し、去ろうとしたスタッフの方がいました。言われなくても気づけるスタッフの方もいるわけで、双方の気配りの差には驚いてしまいます。

こまやかな気配りができるようになるために必要なのは、「何をどう見るか」という意識を持って観察をすることです。このことだけでも、気づく範囲やタイミング、頻度や精度を左右します。

あなたがもし、飲食店で働いていたとしましょう。まず、お客様を案内するときはテーブルの上と椅子やソファの上は、最低でも1回は目視するよう、あらかじめ意識と行動を定めておきます。そうするだけで、気配りにつながる情報に気づきやすくなります。

もしかしたら、店員の中には、汚れていることに気づいていても、謝ったり、清掃することが面倒なため、気づかないフリをする人もいるかもしれません。この場合には、汚れに気づいているだけであって、観察力があるとは言えません。

観察力とは、視覚や聴覚の情報に単純に「気づく」というものではなく、「気づいて実行するスキル」だと言えます。

観察力がある人は、情報に「気づいている」だけの人や、言われたら渋々動く人たちとは、一線を画しています。

自発性がなく、言われないと動かない人は、極端にマイナスの印象を持たれることはないかもしれませんが、プラスの印象を持たれることもありません。仮に、瞬間的に良い印象を与えられたとしても、それだけで信頼度を高めていくには限界があります。

そのことを体感してもらうために、次の状況を想像してみてください。

あなたが2回ほど来店した、座席数10ほどの小さなカフェがあったとしましょう。そのカフェでは、毎回、同じ店員が接客をしています。

3回目の来店の会計で、次のどの声掛けが、最も、あなたは心に響きますか？

①「ありがとうございました」
②「またお待ちしております」

③「いつもありがとうございます。また、お待ちしております」

①から③に共通することは、お客様に対する感謝の言葉です。①と②は、初めて来店した人にも、常連のお客様にも同様に使えるフレーズです。

しかし③だけは、そのお客様が「前にも来店してくれた」という条件が必要となるフレーズであることが、すぐにわかると思います。

多少、伝え方が無愛想であったとしても「いつもありがとうございます」というフレーズには、「あなたをちゃんと認識しています」という、相手を敬い、認める気持ちが込められているため、シンプルでありながらも心に響いてくるのでしょう。そこに笑顔があったら、なおのこと「次もまたこのお店にしよう」「この店員さんのサービスは心地好い」と記憶に残ることでしょう。

観察力とは、視覚的・聴覚的に「気づく」ことだけではなく、「気づいたことを実行するスキル」であると述べました。

接客中、パンくずや、テーブルの汚れという表面的なことに気づいて動くといった状況のみならず、生活の中で、あなたのために、苦労や努力を惜しまず、サポートしてくれたり、声をかけてくれる人たちに対しても、観察力を発揮したいものです。

「いつも力になってくれてありがとう」「いつも元気の出る言葉をかけてくれてありがとう」など、きっと今すぐ声に出して実行できることが山ほどあるはずです。

25 エレベーターの待ち方にセンスが出る

あなたが乗っていたエレベーターが開いて降りようとした瞬間に、目の前にエレベーターを待っていた人が立ちはだかっていたとします。

あなたは、その人を避けないことには、エレベーターから出ることができません。目の前に立ちはだかる相手を避けるため、あなたが少し遠回りして、エレベーターを降りることになったという経験はありませんか。

あるいは、あなたが建物から出ようとしたとき、外から入ってくる人たちが、あなたに道を譲る気配もないまま、建物の中へ突進し、あなたのほうが中で待つことになったことはありませんか。

私はこれまでに出版してきた著書や講師の仕事のなかで、他人を無視して「我先に」といった行動を取る人に対して、一貫してマナーの重要性を説いてきました。

たとえば、エレベーターの扉の真正面に立って待つと、中から出てくる人たちの邪魔をすることになるので、エレベーターを待つ立場の人は降りて来る人が次にどの方向へ流れるかを予測し、その反対側や適切な位置に立つといったマナーが一例です。

また、建物の出入りでは、「出る人が先」という、当たり前の優先順位を誰もが気にかけることができれば、互いに、気持ち良く出入りができて、動きもスムーズでしょう。

このようなことは、わざわざ指摘する必要がないほど当たり前にできている人もいらっしゃいます。実際、これらの行動はほんの1秒もあれば考えて体を動かせる簡単なことですが、まだまだ世の中には、「我先に」という行動を取る人たちを多く見かけることがあるのが実情です。

もし、1分1秒を争うほどの緊急事態で、マナーなどと言ってはいられない状況でしたら仕方がありませんし、うっかりしていて気づかなかったということもよくあります。ただ、通常であれば、先ほどのような行動は日常のよくある一場面のなかで、決して難しい行動ではないことは明らかです。

また、「出る人が先」といっても、建物の外からやって来る人が松葉杖《まつばづえ》をついている人や車椅子の人、子連れの人や、荷物をたくさん抱えている人などであれば、順序など関係なく、「お先にどうぞ」という行動が求められるでしょう。

自分の次の人や、困っている人のために、扉を開けてあげるなどという行動も然《しか》りです。

私はここで、読者の皆さまにマナーのレッスンをしたいわけではなく、私たちの何気ない日常の行動についてどのような観察眼を持っているのか、振り返りをしたいという意図があります。

さて、マナーといえば、各国の文化や地域、宗教や団体、集団によって異なる独自のスタイルがあります。そして食事や訪問、冠婚葬祭といった生活のみならず、スポーツ、武道に芸術という限られた世界の中にもマナーは存在しています。

どのようなマナーも、一見すると言動や、装いなどを「型」というルールに落とし込んでいるだけのように見えますが、マナーとは、互いの観察力によって気づいてきたことで成り立つ、気遣いの層であるかのようにも感じます。

私は高校時代の部活動で、初めて茶道を経験しました。初級者ではありますが、社会人となってからもしばらく教室に通うなど、茶道に対しては気が引き締まる独特の緊張感とともに親しみを持っています（和菓子が好きというのも茶道が好きな理由の一つです）。

ご存じの方も多いかと思いますが、茶道には数え切れないほどの作法があります。茶道にはいくつかの流派があり、それぞれの流派によってその作法は異なりますが、たとえば一般的なお茶をいただくときに着目してみましょう。

もてなす側の亭主は、茶碗《ちゃわん》の外側や内側の絵柄が最もよく見える位置を正面にして、お客側に差し出します。

その際、お客側は「お手前頂戴いたします」と感謝を声に出し、茶碗を手のひらにのせて、2回ほど回してから、お茶を口にします。これは一体、なぜでしょう。

その答えは、茶碗の正面に口をつけることを失礼とみなし、あえて正面を外すことが相手への敬意とされるからだそうです。

茶碗が相手の所有物であることへの敬意や謙遜として、茶碗の絵柄を見て正面の位置がどこにくるのかに気を配り、相手への感謝の気持ちとして振る舞っているのです。

このように、お茶をいただきながらも、観察眼を同時に動かし続け、相手と気持ちを通わせているのだと私は解釈しています。

茶道の作法は、互いに心配りを示したり、譲り合うことで、感謝や敬意を表すことの一例です。このことと、エレベーターの立ち位置の話に共通するのは、相手の立場になって観察し、行動するということです。

「相手の道をふさがないようにする」「相手に順番を譲る」といった行動は、相手の立場で物事を観察できることを示すバロメーターとなって、その人の成熟度が伝わります。

ほかにも、エレベーターの操作パネルに手が届かない人がいると、「何階ですか?」と訊いてあげられる人がいたり、自分がエレベーターに乗ったあと、駆け足で近づく靴音が聞こえれば、「開」ボタンを押して、数秒ほど走ってくる人を待っていてあげたり、子連れの人に、「ゆっくりどうぞ」と、先にエレベーターから出してあげるなど。

観察したことを行動に移せば、「我先に」といった言動は着実に減っていくでしょう。それは同時に、あなたに観察力が備わっていることはもちろんのこと、人に機会を譲る知性と余裕があることを示し、ご自身の品性がさらに磨かれているという好機にもなっているのです。そして、機会を譲られた場合は、にこやかにお礼を伝えることを忘れずにいたいです。

26 自分の「出す音」に気づける人になる

話し言葉や所作に気を配るほかにも、私たちが気をつけたいのが「音」です。

今あなたがこの本を読んでいる場所では、どのような音が聞こえますか。

自宅でくつろげる場所でしたら、音楽やテレビ、家族の話し声に、ドアの開閉時の音など、いくつもの生活音が聞こえているかもしれません。

私はこの本を書いている今、図書館にいます。こちらの司書の方々とも顔見知りで、最近読んだ本や観た映画についてなども話せる気さくな方々ばかりです。こちらでとくに私が気に入っているのは、外の木々が見える大きな窓のすぐ近くにある席です。

この場所に座っていて聞こえるのは、誰かが消しゴムでノートの文字を消している音、近くの人が本のページを捲《めく》る音、入館して来る人たちの足音、バッグから本やノートパソコンを取り出しているときの物音、新聞を読む人の紙が擦《こす》れる音などです。

そんな図書館といえば静かな場所というイメージがありますが、静けさが突如として途切れることもあります。

たとえば、パソコンやスマートフォンで動画を視聴したり、音楽を聴いている人たちのイヤホンからの音漏れ、シューティングゲームに熱中しているかのような勢いでパソコンのキーボードを強くタイピングする音、周囲を気にする素ぶりもなく普通に会話する人たちの声などがあります。

本来、図書館は話し声や音楽などが聞こえないはずの静かな場所であるため、利用する人たちは、音に対してより敏感になっていることが考えられます。

テーブルや机にノートやパソコンなどを置く際に、硬いものと硬いものが接触したときは、とくに音が大きくなります。

ですから、モノが着地する寸前で、ゆっくりと設置面に置いてあげると、音を立てずに済みます。

「硬いものだからとくに注意しよう」「パソコンは角張っているから、机にぶつけないよう両手で丁寧に置こう」などと観察ができる人は、最小限の音で準備ができますし、モノをぶつけて傷つけるといったリスクも回避できます。

また、イヤホンをつけながら作業したい人は、一度、音を流したイヤホンを耳から外した状態で、イヤホンから聞こえる音量を確認してみるといいでしょう。

以前、私と同世代と思《おぼ》しき欧米人の女性と中学生くらいの女の子が一つのデスクに二人で座り、何やら書類のようなものにペンで記入を始めました（私と同世代の女性を「ママ」と呼んでいたので、中学生くらいの女の子はその方の娘さんなのでしょう）。

お二人は、そこがまるで街中のカフェであるかのように、音量を気にかけることなく、フランス語を話しながら、書類を書き続けました。

彼女たちの正面に座っていた私は、すぐに終わるだろうと期待して、しばらくの間、二人の声の大きさに我慢していました。しかしなかなか終わる気配がありません。そして数分後、近くにいた女性が、柔らかな表情で、とても丁寧に「あの、よろしいでしょうか？話し声を小さくしてもらえませんか？」と英語で伝えてくれました。

すると母親の女性は、話しかけてきた女性に対して、ものすごい目つきで2秒ほど睨《にら》みつけてから「ＯＫ」と真顔で答え、何か吐き捨てるような一言を放ち悪態をついたのです。

その態度からは、明らかに怒りが感じられ、すぐ隣の娘さんはポカンとしていました。私もその一部始終を目撃し、子どもまで見ているというのに、と啞然《あぜん》としてしまいました。

このような状況を知ると「外国人だから」「やっぱり女性は怖い」などと、おっしゃる方がいるかもしれませんが、それはステレオタイプでしかありません。

こうした事例は、どの国でも起こることでしょうし「少し静かにしてもらえませんか」と言われて、反省も謝罪もしない人は、残念ながら世界の至る場所にいるのです。国籍や性別、そして年代にかかわらず、周囲と調和を取れる人ばかりではありません。

調和を取ることができない大きな理由は、自分の置かれた状況下で、観察と、感情のコントロールがうまく作用せず（あるいは、観察をしようともせず）、状況に適した行動を起こせないためだと私は考えます。

つまり、「図書館はどういった場所なのか」「図書館で自分はどのように振る舞う必要があるのか」「周囲にいる人たちにとって、自分の発する音がどれくらい聞こえるのか」など、観察したことを自分の立場や体を通して想像し、適切な行動に落とし込めていないだけなのです。そこにきて、たまたま感情が乱れているという場合には、すんなりと冷静に判断することは誰にとっても難しいことでしょう。

ですから、先ほどの親子が、いつも無礼であるとか、乱暴であるというふうに決めつけることはできません。もしかしたら、記入していた書類がよほど大事で、気が張っていただけかもしれません。

自分の出している音に気を配ることはもちろんですが、悪気なく音を出してしまった人たちに対して、即座に「なんて非常識な人なんだ」という決めつけた烙印《らくいん》を押さずに、「気づいていないだけかも」「事情があったのかもしれない」「虫の居所が悪かったのかもしれない」などと、おおらかな気持ちを持つことも、余裕のある大人の対応だと感じます(まさに親子の母親に丁寧に声をかけてくれた女性のような対応がそうでしょう)。

ちなみに、同じようなシチュエーションが起きたときは、その館内のスタッフの方にお願いすれば対処してくれるはずですから、無理に声をかけず、人に頼ってみることもできるでしょう。

また、高齢の方は、加齢で聴力に影響が出ることで、ご自身が立てている音が小さく感じることもあります。

自分が出している音の聞こえ方というのも、人によってさまざまなのです。

まずは自分の出している音への観察と同時に、相手が出している音を観察する際には、その人自身が、どのように音を聞いているのだろうかという想像力を働かせてみるといいのではないでしょうか。

そうした想像によって、いくつかの仮説を思い浮かべながら考える余裕があれば、余計なストレスを寄せ付けずにコミュニケーションが取れて、あらゆる場所において、互いに気分良く、共生していけることが期待できるのかもしれません。

第三章　人生を劇的に変える会話の仕方

27　口癖を変えれば「思い込み」は知恵となる

私は母の影響もあり、幼いころから探偵や密室トリックなどが描かれたミステリーや、法廷ドラマ、医学や科学がベースになったサスペンス系の小説や映画、ドラマが大好きでした。とくに、松本清張《まつもとせいちょう》や山村美紗《やまむらみさ》、アガサ・クリスティ、アルフレッド・ヒッチコックなどの作品には、幼いころから馴染みがあります。

そうした背景があってか、なくてか、私は人々が持つ「思い込み」に対する関心を幼いころから今に至るまで、ずっと持ち続けていたように思います。

フィクションの中の「事件」の背景には、必ずといっていいほど、人間関係に権力や欲望、嫉妬に恨み、そしてお金の事情などの何かしらがあります。そして、いずれの作品でも、先入観に関わる「思い込み」が事件を引き起こしたり、人生を操られてしまうようなところが、とても興味深いのです。

たとえば、1978年（昭和53年）にNHKでドラマ化された、松本清張の短編小説『天城越え《あまぎ》』は、静岡県で発生した土木作業員殺害事件について描かれたヒューマンサスペンスです。この作品では、担当刑事が殺害現場付近で見つかった9文半（22・5㎝ほど）の裸足《はだし》の足跡から、犯人は「女」であると思い込むシーンがあります。

ストーリー上では、容疑者を特定するまでに、「9文半＝女の足のサイズ」という担当刑事の思い込みがあだとなり、事件は迷宮入りへと向かっていったのでした。

次に、プレシーズンを含め、2000年から続く人気の刑事テレビドラマシリーズ『相棒』（テレビ朝日・東映）の、あるエピソードを紹介します。

ある日、殺人事件現場から、犯人の手がかりとなる懐中電灯が見つかります。指紋採取を試みた鑑識官は「残念ながら、指紋はすべて拭き取られていました」と懐中電灯からは、犯人特定につながる証拠を発見できなかったことを報告します。

すると、刑事としていくつもの難解な事件を解決してきた主人公の杉下《すぎした》右京《うきょう》が「中の電池からも採取してみましょう」と提案し、見事、電池から指紋を採ることができて、犯人特定に近づけたのでした。

懐中電灯から指紋を採取するとき、「指紋は表面にしか付着しない」という思い込みを作中の人物も視聴者も持っていたのではないでしょうか。ミステリーやサスペンスの世界では、これまでに紹介したような登場人物の「思い込み」が問題解決に影響し、その後の重要な展開を決めている要因にも見えます。

そのことは現実の社会においても同様で、思い込みは、私たちの生活と常に隣合わせだといえます。

そんな思い込みですが、決して悪者扱いばかりをする必要はありません。これまでも触れてきたように、思い込みとはその人が実際に体験したことや、失敗や成功からくるヒューリスティック（経験則）が関係しています。そのため、何か問題が起こったときに、すぐ合理的に解決するためには思い込みが役立ちます。たとえば、あなたが職場の新人スタッフにデータの入力方法を教えようとする際、「私も新卒のときは何もわからなかったから」と思って、相手の立場に立って懇切丁寧に教えられれば、最初から信頼を感じてもらいやすいでしょう。一方で、新人スタッフが「学校の講義でExcelは使用してきたので、このくらいのことは自分で対処できます」と、あなたに伝えてくるかもしれません。そうなると、思い込みだけで判断したことが合理的だとは言えないでしょう。

このように思い込みは、使い方次第でスムーズな展開や、有益な解決策を導くきっかけにもなりますが、ときに、考えの広がりを遮る足枷にもなります。

「思い込み」を生かし、足枷にしないためには、自分の可能性を狭める思い込みを頭の中から取り払ってみることをおすすめします。

具体的には「絶対〜だ」「やっぱり〜だ」「〜しかありえないでしょう」「〜に決まっている」「無理！」などという言葉を封印してみることです。

その代わり、「これは可能性の一つにすぎない」「〜なわけないよね」「本当にそうなのか？」「〜だとしても、根拠はない」「ひょっとしたら〜」「もしかすると〜」「あえてもう一つ可能性があるとすれば〜」「まずは（相手に）質問してみよう」などという言葉を口癖として使ってみるだけで、さまざまなアイディアが思い浮かんでくるのです。

まずは、思い込みだけで決断せず、自分が確信したことをいったん脇に置いた状態にしてみます。

そして、先ほどの口癖により、別の見方を引き出して推測します。最後に、その推測と、「脇に置いた思い込み」を、比べるという順序で考えるパターンを実行します。

私たちは自分の思い込みを、適切な順序で、うまく扱うことによって、より多くの選択肢の中から合理的な決断をすることができるようになります。そしてそれは、たった一つの口癖をきっかけにして、簡単に実践することができるのです。

28　年齢を重ねるからこそ相手に話を譲る

仕事でもプライベートでも、言葉遣いや態度に気をつけようとする意識は、おそらく大概の読者の方たちがお持ちなのではないでしょうか（素晴らしいことです）。

とくに自分が接する相手の立場や年齢が、自分よりも高い場合は、なおのこと言葉や態度に対する意識が強くなるように感じます。

そのような目上の人との関わりの中で、自分が気をつけている以上に礼節を重んじている方に出会うと、憧れや敬意を抱くでしょう。

ところが、なかには立場が上であることをふりかざし、相手に対して横柄な態度を取ったり、威圧的な振る舞いをしたり、相手を見下したり、批判ばかりをするような人もいます。

「自分は、たくさんの部下を見てきた」「数え切れないほどの経験をしてきた」などと、こちらが訊いてもいないのに、このようなことを声高に言うような人は、要注意です。

たしかに、社内でたくさん部下の方を率いるほどの役職まで上り詰めた人に対しては、そこに至るまでの、たゆまぬ努力や功績を想像し敬意を抱きます。

また長い人生の中、社会経験を通して築き上げた暗黙知の直感や判断力などの知の財も、大いに誇れるものでしょう。

一方で、そうした足跡をかき消してしまうほどに、相手に対して横柄な言動が多いとすれば、せっかくの功績がありながら「聞いていてこちらが恥ずかしくなる」「こういう大人にはなりたくない」などと、他人から呆《あき》れられ、避けられてしまうこともあります。

これは、年齢や社会的な立場だけで区切って考えられることではないのですが、相手よりも経験値が少しばかり高かったり、社会的に自分の立場が相手よりも上であるときは、とくに注意が必要であることは肝に銘じておきたいものです。

なかには、他人から、どのように思われようが構わないという人もいるでしょう。しかし、一生付き合っていきたいような家族や友人にまで愛想を尽かされることは誰もが避けたいはずです。親しい人たちへの言動も、積極的に振り返ってみるとよさそうです。

さて、私の知り合いの企業経営者70代のKさんは、あらゆる年代でお知り合いが多く、仕事でもプライベートでも、周囲の人たちから、人柄の評判の高い方でもあります。

以前、そのKさんに、人付き合いに関しての秘訣《ひけつ》を訊いたところ「歳を取ると観察力が鈍るから、いつも自分の方から相手に『教えてください』と、質問をするようにしているんですよ」と、気さくに答えてくださいました。

その答えに感心させられたと同時に、私は「なぜ年齢を重ねていくと観察力が鈍ると感じるのですか」と即座に質問をしました。

すると「長く生きているというだけで、自分がすぐれていると勘違いをしてしまうのだと思います」と答えてから、「ところで、吉原さんは、どうしてそんなに質問がお上手なの？」と私にまで話題をふってくださいました。

まさに、こうしたやり取りでも、Kさんがいかに観察力をフルに生かしながら人とのコミュニケーションを大切にされているかが実感できました。

年齢や役職、立場などが上がり、経験値が増えていくことで、つい「自分の話には価値がある」と勘違いし「誰もが自分の話を聞きたいはずだ」という思い込みが生じることもあるのではないでしょうか。

相手よりも、自分のほうが先輩だというだけで、まるで、話を聞いてもらえる特権を得たような気分になってしまうことがあるとすれば、目も当てられません。

もちろん、人生の先輩の話から学ぶことは多いですし、常に良い聞き手に徹する心構えを持っている人もいるはずです。しかし、それは親しい家族や知人、旅先や買い物先で、たまたま一期一会の会話が盛り上がりそうなときはいいにしても、日常的に接する上司などの年長者の長い話をたびたび聞かされることの聞き手の負担は、考慮してほしいものです。

観察力が高く、ご自身の立場を客観的に見られる人ほど、相手に話を譲れる場面が多いように見えます。

「話を譲る」ことは、実はとても簡単です。

その方法とは、会話中、自分に質問されたこと（あるいは自分の話など）を、手短（まずは5～15秒以内）に話したあと、相手の名前をつけて、相手にも同じ質問をしてみるだけです。

たとえば、年末年始の予定についての話題になったとしましょう。

そんなときには、「私は、実家の大阪に帰って、母の作るお雑煮を食べて、何もしないで、思い切り、のんびりと過ごす予定ですが、○○さんのご予定は、どうですか？」と、いった具合です。

このボリュームでしたら、ゆっくり話しても15秒（テレビコマーシャル1本分）以内でちょうど良い長さです。

聞き手から「あぁ、それはいいですよね！　私も○○さんと同じで、家でのんびりする予定です」などと共感性のある反応があれば続けて具体的な過ごし方の話題を掘り下げます。互いに「話す時間」を対等に共有すると、会話が弾みやすくなるでしょう。

結局のところ、あなたがいろいろと話しているとき以上に、あなたが反応上手な聞き手となり「この人は自分の話をたくさん聞いてくれる」と、思われている時間が長いほど、あなたへの評価は上がっているのです。

29　危うく転びかけた人に「セーフでしたね！」と言ってみる

第二章までの内容をおさらいすると、鋭い観察力を備えているだけではなく、それを実際の場面において、言動として反応（表現）できているかどうかまでが、コミュニケーションでは重要という考えを述べてきました。

反応（表現）を豊かにするために必要な行動としては、前節に登場したKさんのように、まず相手に対して自分から親しみやすい雰囲気を醸し出し、話しかけたり質問をすることが挙げられるでしょう。

そのような人は、「興味があるから訊いてみよう」「相手の『すごい！』と感じることを伝えてみよう」「ここで『きっかけはなんですか？』と質問したら話題が広がりそうだ」

などと、観察し気づいたことをもとに、すぐさま行動するという特徴があるように思えます。

たとえ他者からはアクションを起こされない場合があっても、自分のほうから相手の目を見たり、話しかけたり、体ごと相手の方向に向けて近づき質問をするなどと、相手に積極的に関わっていくことで、敬意や好意、親しみやすさを感じ取ってもらいやすいというメリットがあります。

相手や、状況、または本人の性格によっては、自分から話しかけることに、大きな勇気や覚悟がいるかもしれません。しかし実際にやってみると、意外とあっさり、相手からの笑顔の返答が来ることもあります（たまには怪訝《けげん》な反応をされることもあるでしょうが、礼儀さえ伝わっていれば気にする必要はありません！）。

もちろん、相手にとって何か不快なことをしてしまわなかったかという振り返りは必要です。しかし「自分は否定されたのかな」という思い込みは、「この人は、シャイなのかな」「踏み込みすぎてしまったかな」「たまたまタイミングが良くなかったのかも」といった別の視点からの思い込みに変えて経験を積んでいければいいのです。

ですから、「自分から関わっていく」ということに、高い障壁を感じる必要はありません。

たとえば挨拶や会釈です。声に出して挨拶するのも億劫《おっくう》な人は、頭を15度ほどたおす会釈から始めてみましょう。慣れてきたら、アイコンタクトと柔らかな笑顔（口角を5㎜上げる）をプラスします。それができたら、声に出して挨拶していく……というスモールステップを踏めば、試しやすいと思います。

また、このようなシチュエーションを考えてみましょう。

【シチュエーション】

・駅の構内や、スーパー、道端で何かに滑ったり、転びそうになったが、体勢を持ち直した人が自分のすぐ近くにいたら……

「あっ、大丈夫ですか？」

「すごい反射神経ですね」

「セーフでしたね！」

「えっ?」と不思議に思われた読者の方もいらっしゃるかもしれません。しかし、見ず知らずの人にでも「すごい反射神経ですね」「セーフでしたね!」と声に出してみることで、相手との接点を得られる感覚を実感できます。

もちろん「大丈夫ですか?」と言うだけでも、相手に対して十分に、配慮を感じさせることはできます。ただ、これだけではおそらく「大丈夫です」という反応が圧倒的に多くなることが予想されます。

ですから、プラス一言加えることで、相手も思わず安心して笑ってしまうような、和みのある雰囲気を作り出していきたいものです。

日常的な出来事や会話の中で、自分が何をしてあげたら相手は助かるのか、安心したり、快く思ってくれるのかは、答えが一つとは限りません。逆に、良かれと思ってしたことでも、お節介だと煙たがるような人もいるでしょう。

そうなると、自分から他人に関わることについて躊躇してしまいがちですが、人から煙たがられるといった苦い経験があってこそ、人との距離感を学べるのではないでしょうか。

もし本書を読んだあと、あなたが話しかけたことに戸惑う人がいたら「余計なことを言ってしまったようで、ごめんなさい」と素直に謝ればいいのです。

まずは「自分から」という言動を意識して、毎日、一度は「自分から目を合わせてみる」「自分から挨拶（会釈だけでもいいので）する」「自分からお礼を伝える」「自分から質問する」などという行動の習慣を始めてみませんか。

こうした習慣の先に、今以上に周囲から慕われるご自分の姿が待っていることでしょう。

30 相手を巻き込んだら報告とお礼を徹底する

仕事やプライベートで、誰かからの頼み事のために骨の折れることをしたにもかかわらず、その後、頼み事をした本人からは、梨の礫《つぶて》だったというような経験はありませんか。

気になって、しばらくしてから「あの件は、どうなりましたか？」と頼み事をしてきた相手に訊いてみると、「お忙しいかと思って、連絡は控えていましたが、すでに、解決していますす」と、こちらの心配をよそに、あっけなく言われることも珍しくありません。

依頼した本人がうっかり連絡を忘れてしまっていたとしたら「連絡が遅くなり申し訳ご

ざいません。○○さんのおかげで、例の問題を解決することができました。本当にありがとうございました」などと、一言お詫《わ》びや、お礼を伝えることで安心感を与えます。

それによって、それまでのやり取りで、多少の行き違いがあったとしても、誠実な態度として受け止めてくれるでしょう。

ただ、その前に、人に頼み事をしたならば、その頼み事の大小にかかわらず「あの件は、どうなりましたか？」と、相手に言わせないよう、自らが率先して、相手にお礼や進捗状況などを伝えるといった礼節ある行動を徹底したいものです。

ところで、なぜ頼み事をしておいて、その後、お礼の一言も伝えられないことが起こるのでしょう。

その原因の一つとして、頼み事をした人と、頼まれたことをしてあげた人との間には、相手を気にかける感覚のズレが生じるからということがあるのではないかと私は考えています。

解説をすると、頼み事をした側は、問題が解決しようがしまいが「依頼した」という目的を達成したことに満足してしまいがちです。

そのことによって「この件は、もう終わった」と思い込み、相手を気にかける感覚が鈍くなることで「お礼を伝えよう」という礼節の行動が、頭の中から遠ざかってしまうのでしょう。

しかしながら、頼まれたことをしてあげた人にとっては、「あの件」は、完全に終わってなどいないのです。

頼まれたことをしてあげた人からすると、頼みを聞いた時点から、状況が継続しているという認識を持っています。にもかかわらず、なんら連絡もなく、ずいぶんと時間が経《た》ってから「あれはもう無事に解決しました」と相手から言われれば「自分は、忘れられていたのか」「なんて恩知らずな」などと、感じてしまっても不思議ではありません。

「喉元過ぎれば熱さを忘れる」という習性は、人間誰しもが持っているとされることは仕方がないにしても、相手を気にかける感覚のズレを生じさせない努力をするほうが、信頼関係を保つうえで得策です。

自分がしてほしいことを相手に頼むときだけは必死でも、それが終わるとぱたりと音信不通になるような人では、縁を切られてもおかしくはありません。

このように考えてみると、頼まれた側の人は、自分がしたことに対して、相手から何らかの反応を求める傾向があるように見えます。

なかには、そのような反応を求めない人もいますが「自分がしたことは良かったのだろうか」「満足してもらえているはずだが、実際はどうだろう」、あるいは「自分は大して役に立てなかったが、その後は大丈夫だろうか」などと、結果が気になってしまう人は多いのです。

過去を振り返ると、私が誰かに頼み事をしておいたにもかかわらず、その後、連絡を怠っていたという無礼があるかもしれません。

「吉原さんから、あれっきり連絡がない」と業を煮やしている人が本書を読んで呆れているとすれば情けない限りですが、そのようなことが起こらないよう、現在は私なりの防止策を実践しています。

その防止策とは、常に自分を取り巻く人たちとのやり取りの経過を注視し「お礼と結果報告（○○さん）」「経過報告（○○さん）」などと、問題の経過を予測して、スケジュール帳に書き込んだり、Googleカレンダーなどを利用しておく方法です。

「あー、あの件が解決して良かった」と、何かの問題が落着して胸を撫《な》で下ろす前に、その問題に誰かを巻き込んだ時点で、早い段階からスケジュール帳に書き込むなどして記録する習慣があれば、恩義へのお礼を忘れることを防げるからです。

「相手は忘れているはず」「大したお願いではない」などと人に頼み事をした側の思い込みによって、お礼や報告を伝えるチャンスを逃し、相手からの信用を失ってしまうこともあるのです。

さあ、今すぐあなたが最近誰かに頼み事をしたときのことを思い返してみませんか。

少し時間が経っていたとしても、「すっかり連絡が遅くなり、申し訳ございませんでした。その節は、本当にありがとうございました」というメッセージを送ることで、あなたは恩を忘れない律儀な人という印象となって、相手の心に響くことでしょう。

31　「誰かが心を痛める言葉」は使わない

相手が発した言葉に、なんとなく違和感を覚えてしまうことはありませんか。

それは、誰かと会話しているときだけではなく、ＳＮＳの投稿や動画を観ていても気になることがあるでしょう。それらは「誰かが心を痛める言葉」であるように感じています。

それでは、私自身が気になる言葉のいくつかの事例を紹介します。


【『誰かが心を痛める言葉』の事例】

①「一番太っていたころの自分の写真を見せるなんて、これは**公開処刑**ですね」
恥ずかしい情報を公開したり（されたり）、人前で何らかの能力を試す場面などで使われる表現であるが、「**処刑**」という言葉は、広義では死刑の意味も含み、歴史的、道徳的、法律的に見ても非常に重い意味がある。

同様に「それって自殺行為だね」「あの発言は自爆テロでしょう」など、死に関連する言葉を日常で軽く使用することは、笑えるようなことではないと肝に銘じたい。

「公開処刑」とは言わず、「私史上、最も恥ずかしい出来事かもしれません」というくらいで、ちょうどいい。

②「毎日、仕事や家事で忙しくて、朝は**戦争**です」

本人が伝えたいことは「忙しすぎて、てんてこ舞い」という状況であると推測できるが、その程度の状態を「**戦争**」という、多くの人々の人生を狂わせ、命を奪う争いと同じ単語を用いて表現することは、相手や場面、タイミングによっては、配慮が欠けていると思わざるをえない。

このほか、「**爆弾**」「**拉致**」などを、面白おかしいニュアンスで、平然と口にするようなことは、不謹慎であり、品性が問われるという緊張感を持っていれば、不用意に人を傷つけることも、自らの恥をさらすことも避けられる。

③「一人っ子**なんて**絶対、**ありえない**んだけど」

発言している本人は、兄弟がいることを幸せに感じている人なのだと推測ができるが、「一人っ子」である人たちを否定していると取られるような言い方を、わざわざ人前でする必要はない。

これに似たような事例では「田舎に住む**なんてありえない**」「子どものいない結婚生活**なんてありえない**」「国産じゃないお米**なんてありえない**」などがあり、その「**ありえな**

い」世界で精一杯、生きている人たちを傷つける可能性のある表現には気をつけたい。

同じような意味での表現として「都会のほうが自分には合う気がする」「結婚したら子どもを育ててみたい」「今は日本のお米が一番、好き」などと伝えるほうが、前向きで、シンプルな表現となりスマートさを感じられる。

④「私はスポーツ観戦が**大嫌い**なんです」
スポーツ観戦に限らず、何が好きで何が嫌いかは、個人の自由であるが、スポーツのように世の中で関わる人の多い話題についてはとくに、相手のことを十分に知る前に（知っていたらなおさらのこと）、「私は○○が**大嫌い**」などという発言は、軽率である。

また、「**大嫌い**」とまで言い切ってしまう姿から、わがままでこだわりが強く、ひと癖ある扱いづらい人というレッテルを貼られる可能性もあり注意が必要だ。

⑤「えっ、**そんなことも知らなかったの？**」
「知らなかった」という事実を確実に笑いに落とし込める関係性や、場面であれば問題は

ないかもしれないが、「えっ」という反応と、「**そんなことも**」という言葉を使うのは、相手の知性を低く見て、まるで小馬鹿にしているようである。また、「**知らなかったの？**」という一言は、上から目線で生意気な印象を与えてしまうことと、言われた人に恥をかかせてしまい、意欲を削《そ》ぎ、プレッシャーをかけてしまいかねない。

そのため「私も最近、知ったことなの」「この方法は、これからもよく使うので、ぜひ覚えておかれるといいと思います」などと、共感性のある反応や相手にしてほしいことだけに焦点を絞った言い方ができるほうが、親切で穏やかである。

①から⑤までで、「とくに心を痛めるとまでは感じなかった」と思える事例があったかもしれません。それでも、心を痛める可能性のあるフレーズがあり、人それぞれに感じ方が異なるということに気づくだけで、発する言葉の選び方が、より洗練されていくのです。

何かを話そうと思う一歩手前で、あなたの言葉を「誰かが心を痛める言葉」というフィルターにかけられれば、あなたの洗練された発言は、周囲の人たちを、さらに幸せな気分へと誘《いざな》うことができるのです。

32　気の利く人は「テーブルのガタつき」に即対処する

たまたま入店したそのカフェは、大きなガラス窓のあるおしゃれな内装で、多くの人たちで混み合っていました。

ちょうど午後4時に差しかかったころ、私が座っていた席は、ガラス越しに入ってくる西日のせいで目を開けていられないほど眩《まぶ》しくなってしまいました。

そこで、椅子を動かしたり、顔の向きを変えるなど、いくつか工夫をしてみたのですが、今度は西日が当たる側の体の半身部分が熱くなってきました。そして、いよいよ限界を超えてきたため、別の席へ移ることにしたのです。

このような経験は、おそらくたくさんの方が思い当たるのではないでしょうか。私はそうした経験から、誰かと一緒にいるとき、相手の顔に、ちょうど日差しが当たって眩しそうなときや、体の一部に光が当たって暑そうなときには、「眩しくない？」「場所を変える？」などと、相手に尋ねる習慣が身につくようになりました。

職場のロビーや会議室にいるときも、誰かが眩しそうにしていたら、すっと立ち上がり、カーテンやブラインドを閉めてくれる人がいると、とても気の利く人だなと感じます。

コロナ禍以降、職場や飲食店などでは、換気のために、冬でも窓やドアを開けたままの状態にしておくこともあり、場所によっては、まるで外にいるときとほとんど変わらないような冷たい空気を感じることもあります。

そんなときに、できる限り外気が当たらない席を見つけたりひざ掛けをすすめるなど、声をかけられる人がいると、気遣いのある人だなと感心してしまいます。

こうした、眩しさ（暗さ）や、寒さ（暑さ）に反応できるためには、相手の様子を見て「目を細めているから眩しいのだろう」「前髪の生え際が汗で湿ってきているようだ」「腕組みしている手で腕を擦《さす》り始めたから肌寒いのか」「唇の色が紫っぽくなってきたぞ」などと、観察眼を生かしていくのです。

そうすれば、「眩しいですよね。席を移りましょうか？」「冷たい飲み物のお代わりはいかがですか？」「温かい飲み物を注文しましょうか？」などと、絶妙なタイミングで気の利いた提案をすることができます。

視覚的な情報だけでなく、音や匂いなども含めて、五感をフルに使いながら「周囲の音感覚がうるさいな」「この部屋は、ほこりっぽいな」「タバコの煙の臭いがする」などと、感覚を研ぎ澄ませてみるとよいでしょう。

そのときに、自分の思い込みで「この程度なら気にならない」とか「我慢できる範疇《はんちゅう》だ」「相手からは何も伝えてこないから大丈夫だろう」などと決めつけてしまうと、相手の本心や不快感に気づくきっかけを失ってしまいます。

ですから「少しタバコの臭いがしてきましたが、○○さんは、大丈夫ですか？」などと、一言訊いてみて、相手の反応を確認するのもよさそうです。

また、カフェといえば、着いた席のテーブルが安定せず、ガタついたり、テーブルの上が汚れているなどということもよくあります。

たとえ小さなことでも、「なんだか（テーブルが）ガタガタしますが、気になりますか？」と、相手にさらり（不機嫌そうな言い方は避けましょう）と訊いて対処したり、「あっ、一度、テーブルを拭いてもらいましょう」だとか、「ペーパーナプキンでテーブルを拭きますね」などと即行動に移すことができると、スマートに配慮できる人だという印象を持たれるでしょう。

もし「気になっているのは、自分だけだろう」「このくらい我慢しよう」と、あなた自身が思ったとしても、相手は不快だが口に出せないだけで、実はストレスを感じているかもしれません。そのような仮説を立ててみると、誰もが相手を気遣う言動に対して、より積極的になれるはずです。

テーブルのガタつきのほかにも、カフェでお茶をしていて、すぐそばの工事現場の作業で、地響きがするなどという場合、「落ち着かなくて、イライラする」と、機嫌が悪そうに、硬い表情で口にすると、単に短気で神経質な人だと思われてしまいそうです。

そこで「この振動は、きっと工事の影響ですよね。もし○○さんが気になるようでしたら、食事を済ませた後、お店を変えてお茶にしましょうか?」と、穏やかな言い方で提案できれば、一緒にいて心地好い人と思われる存在になれるはずです。

さあ、「観察→思い込みを脇に置く→仮説を立てる→相手のために行動する」というプロセスで、気の利く会話を増やしていきましょう。

33　相手が真剣に話を聞いてくれるときほど〝確認作業〟を入れる

企業や学校組織などの研修講師としての私の仕事歴は、かれこれ20年以上になるのですが、何年経過しても、本番前は毎回緊張します。

テーマが同じでも、受講される方の反応がまったく同じように進むとは限らず、私自身が教わることばかりの奥深い仕事であると振り返ります。

そんな講師業という仕事においては、「教え手」と「学び手」という両者の立場が存在します。そして同じ会社で同じ部署の社員の方々を対象にするといっても、その集団内では、「学び手」となる人たちの研修に対する関心度や理解度、集中力にも、ばらつきがあります。

そこで、「教え手」となる講師は、そうしたばらつき（個々の特性）を把握しながら、研修スケジュールを組み立て、ファシリテーションで臨機応変に対応させていくことが、研修中、終始、問われ続けます。

どのような研修現場でも、学び手の中には、「言われなくてもわかっている」「面倒だ」

「時間の無駄だ」などと内心では思いながらも、表情には見せずに参加している人たちがいてもおかしくありません。

ですから、私は、「教えていることは彼らにとって重要なことだ」「静かに話を聞いているから理解しているはずだ」などという思い込みを、一切外した状態で、講師の仕事に臨んでいます。

なにより、学び手にとって、そのような教え手の思い込みは、研修目的である何らかの理論や技術の習得の妨げにしかならないことを、身をもって知っているからです。

そのことを経験として痛感したのは、私が新人講師時代に、某専門学校のクラスで、10代から20代の学生40名ほどを対象に、講義を担当したときのことです。

就職活動に有利になる検定試験合格のための全5回の講義だったのですが、回が進むにつれ「みんなうなずきながら真剣に講義を聞いてくれている」と嬉しくなりました。しかし、私は大きな失敗をしてしまいます。

たしかに、学生たちは真剣に集中しながら講義に参加してくれていましたが、そのことを「学生全員が内容を理解している」と、私は勝手に思い込んでしまっていたのです。

その結果、講義最終日に実施した、模擬テストの平均点が、ほかのクラスと比べて10点近くも、低い結果となってしまいました。

ほかのクラスを担当していた先輩講師にアドバイスを求めたところ「吉原さんは、目的に沿って講義をされましたか？」と訊かれました。

当時の私は、講義をしているうちに「学生が真剣に講義を聞いてくれている」ということに自分だけが満足し、目的を明確にできていなかったことを猛省しました。

その先輩講師の鋭い問いかけのおかげで、「全員を検定試験に合格させる」という講義本来の目的とはかけ離れ、学生にとって、まったく役に立たない講義を自分がしていたことを痛烈に感じたのでした。

幸いなことに、私が担当したクラスの学生たちは、本番までの各自の努力によって、全員が試験に合格したとの報告を受けて安心しました。それでも、私が講師として彼らのサポートを十分にし切れなかったことは、今でも申し訳なく感じています。

それ以来、講師としての勝手な思い込みは、学び手の学ぶチャンスや時間を台無しにすると肝に銘じ、教え手としての姿勢を改めて見直すようになりました。

たとえば、研修講師という立場にかかわらず、会話の中で、相手がこちらの話を真剣に聞いてくれているように見えるときほど、自分の思い込みを確認する作業を取り入れるようにしています。

その確認作業とは簡単な一言で、「○○さん（相手）は、どのように思われますか？」「ここまでの内容で、何か確認されたいことはございますか？」「一気に話してしまいましたが、速すぎましたでしょうか？」などと、いったん話を止めて、相手の理解の度合を確認することです。

このような質問を挟むことで、相手の考えを確認し、状況を観察できるほか、相手に話す場面を譲ることになり、自分ばかりが話しすぎないためのストッパーの役割にもなります。

さらに、話してもらうことで、相手が受け身だけの「聞き手」から解放され、話すことで考えを整理したり、集中力をリセットできる効果も実感しています。

これらに関連する、人は「多く話しかけてもらっている」「アイコンタクトを取ってくれている」と思う相手に好意を感じるという親密性を読み解く研究もあります。

その好意に関しては、すべての状況で同じことが言えないまでも、「相手は自分に好意を抱いている」と思うように操作された人は、その後の会話で発話量が増えたと示されている実験結果もあるようです。先ほどのような質問を挟み、相手の理解を確認する場面は、その後の会話を活性化させ、話の理解や関心の高さへも影響を及ぼす可能性のある、うってつけのチャンスとして活用できます。

もし、相手が真剣に話を聞いてくれるとき、それはあなたの話が重要であると思っているわけではなく、実は、話自体は大したことはないと思いながらも、あなたを傷つけまいとする聞き手の気遣いでもある可能性も無視できません。

ですから、「自分の話は重要だ」「価値があることを話している」「好意を持たれている」などという、思い込みだけで話し続けることは避けたいものです。

常に「相手は聞き疲れていないだろうか」「この話はすでに知っているかもしれない」というような、別の視点から会話を捉える習慣を持って臨機応変に対応することが、あなたの話の情報の質や価値を上げていくこととなり「もっと話したい!」と相手から思われる賢い話し手になれる秘訣なのです。

34 「相談される人」と「相談する人」がすべき三つのポイント

コミュニケーションのコンサルタントとして仕事をしている私は、個人のお客様はもちろん、組織で働く人たちの社内でのやり取りや、顧客との対人コミュニケーションの場面において、具体的な実践方法を交えたトレーニングなどを伝えています。

これらの内容は、良好な人間関係づくりや、説得、依頼などを目的とする場面だけでなく、互いにコミュニケーションへの意識を高めることとなり、皆が納得し、現場や職場に溶け込めるような実践的なルールを作り出すことで、重大な事故を未然に防止するという場面でも役立ちます。

さて「ヒヤリハット」というキーワードを聞いたことはありますか。これは、労働現場において、何か重大な事故につながる可能性のある事象のことで、「ヒヤリ」としたり「ハッとする（ハット）」出来事のことを意味しています。

ヒヤリハットの事例は、厚生労働省の運営する「職場のあんぜんサイト」でも紹介されていて、機器や設備の不具合といった要因を除くと、そのほかは組織や個人の「ヒューマンエラー」によるものに分類されるといわれています。

たとえば、暗い工事現場で写真撮影をしていたら足を踏み外して落下し、怪我をしてしまったとか、伝達ミスや入力ミスにより商品の製造数の桁を一つ多くカウントしてしまったなど、ほかにも医療現場や教育現場などでも、ヒューマンエラーが引き起こす事例が多々あります。

こうした、いくつかのヒューマンエラー研究を辿《たど》っていくと「うっかり」の原因として挙げられたキーワードには、自信過剰や油断、思い込みや勘違いのほか、目的を忘れたり、正しい知識を自らが書き換えてしまうことや、「確証バイアス」などもあることがわかりました。

ちなみに、確証バイアスとは、自分が立てた仮説が正しいとする情報のみを集めてしまい、そのほかの情報は無視してしまうという傾向を意味します。

自分は正しいとか、経験値もあり、慣れているから大丈夫だといった慢心によるエラーは、仮に大事には至らなかったとしても、「ラッキーだった」といって笑って済ませることはできません。

こうした、「うっかり」のさまざまな原因として考えられる習慣が、日常化してしまっている人もいます。もしくは、そのことを他人事のように思っている人たちもいて、そうした人々が、周囲にいる人たちにも影響を及ぼし、同調圧力まで働いてしまうと考えられます。

というのも、先ほどのような傲慢な人や、軽はずみな判断をする人がいると、周囲の人たちは「あの人も、いつもやっているから、自分もこの程度のミスは報告しなくてもいい」「みんないい加減だから、どうせ注意しても無駄だ」「注意して自分だけ浮くのは嫌だ」などという空気になりかねないからです。

つまり、ヒューマンエラーの「うっかり」の原因は、エラーを起こしてしまった本人だけの問題にとどまらず、その周囲に「うっかり」が普段から浸透していることにあります。そうした「うっかり」が伝染しやすい環境へのリスクについても問題視すべきで、そこに関係する全員の問題として向き合っていく必要があるでしょう。

そこで「うっかり」の伝染を食い止める効果的なことの一つとしては、コミュニケーションの視点から「相談しやすい雰囲気づくり」を、各自が徹底していくことだと言えます。

それでは、「相談される人」「相談する人」の基本的なやり取りのポイントを紹介します。

【相談される人のポイント】

・落ちついた穏やかな態度（適度なアイコンタクト、口角を5㎜上げて、体をフラフラさせないなど）で話を聞く

・相手の話を遮らず（うなずきと相槌《あいづち》を適度に入れる）最後まで聞く

・相手が話してくれたことに感謝を伝える

例：「話してくれてありがとう」「その情報は、とても助かります」「これからもぜひ、話を聞かせてください」など

【相談する人のポイント】

・話す内容を簡潔で具体的（いつ、どこで、誰が、どうしたのか）にまとめて準備しておく

・主観や感想ではなく事実を落ちついて伝える（状況報告、依頼、提案など）

・話しかけるタイミングと第一声に気を配る

例：「恐れ入りますが、報告のため1分だけお時間をいただけないでしょうか」「お忙しい中、申し訳ございませんが……」「いつも○○さんのご指導に感謝しています。あの、今日は、一点、相談させていただきたいことがあるのですがよろしいでしょうか」

エラー防止対策として、互いに相談しやすい雰囲気を作っていくためには、双方の立場に立って観察し合いながらコミュニケーションを取っていくという、日々の一つ一つのやり取りの積み重ねが突破口となり得ます。

実際に、組織の働き方を研究し、調査内容などを掲載しているGoogleのウェブサイト「re:Work」で、チームの効果性に影響する因子を分析したところ、そのなかで「心理的安全性」の重要性が明らかになったと示しています。

この心理的安全性とは、「無知、無能、ネガティブ、邪魔だと思われる可能性のある行動をしても、このチームなら大丈夫だ」と信じられるかという指標と考えられています。

心理的安全性の高いチームのメンバーは、ほかのメンバーに対してリスクを取ることに不安を感じることなく、自分の過ちを認めたり、質問をしたり、新しいアイディアを披露したりしても、誰も自分をバカにしたり罰したりしないという安心感から心に余裕が生まれるといいます。[*1]

ちなみに、心理的安全性に最も大きな影響をもたらすのは、上司である（エイミー・C・エドモンドソン『チームが機能するとはどういうことか―「学習力」と「実行力」を高める実践アプローチ』英治出版、2014年）とされる指摘もありますので、もし読者の中で該当する立場の方には、ぜひ率先して、先ほどまとめた「基本的なやり取りのポイント」の見直しに取り組んでいただきたいと願います。

こうした心理的安全性の浸透は、コミュニケーションを取る中で、観察を駆使すれば実現することなのです。地道な方法かもしれませんが、現場で二つの立場のポイントを踏まえてコミュニケーションを取り続けてみましょう。そうすることで、あなた自身が職場の雰囲気を変えるきっかけとなって、心理的安全性のもとで、余計なストレスや悲惨な事故やミスをなくし、スムーズに仕事ができる環境を築いていけるのです。

35　あなたの「共感」は間違っている!?

日常的なコミュニケーションについてだけでなく、組織のチームのあり方を考えたり、マーケティングの世界においても、昨今、「共感」というキーワードが注目され、頻繁に見聞きするようになりました。

そもそも、共感という言葉が日本で広く使われるようになったのは、１９５０年代ごろからで、心理療法家として活躍したカール・ロジャーズによって米国で普及したカウンセリング技法からの影響であるとも言われています。

そのロジャーズが、カウンセリングにおいて聞き手にとっての重要な態度の一つとして、「共感的理解」を提唱しています。これは、シンプルにいえば「相手の立場になって物事を見よう」ということです。

たとえば会話をしていて、相手に共感しなくてはと考えると、「わかる、わかる!」「私にも経験があります」などと、反応される人も多いのではないでしょうか。

よくよく考えてみると、共感しているつもりで「わかる、わかる!」「私にも経験があります」などと反応したときに、それが相手の声に被《かぶ》っていたり、やたらと強い発声だったりすると、知ったかぶりで、「そのことについて、経験者の私も話したいことがある」といううったえに聞こえなくもありません。

共感の本来の意味を「相手の立場になって物事を見よう」とすれば、反応として、決して間違いではなさそうですが、本人からすれば相手に共感しているつもりでも、言い方によっては、単に「私に話をふってほしいアピール」になっている場合もあるので気をつけたいところです。

また、つらい出来事や、大変なことが起きたエピソードを話すと、「よくあることだよね」「人生って、そういうものだよね」などと、共感していると見せかけて、実は、あっけなく話を終わらせ、話し手が話そうとする流れを妨害してしまっている人もいます。

共感とは、「私も同じです」「あるあるだよね」などと伝えればいいというような浅い考えではないはずです。

ことの大小にかかわらず、自分が話したことに関して「よくあることだよね」「私も、私も」などと、軽々しく相手から話を締め括られてしまったとき、たいていの場合「面白くない人に話してしまった」「こちらの話に興味なしだな」と内心思っている人は少なくないでしょう。

とくに自分や身内の体調不良の話題では、そこまで深刻でない場合でも、ちょっと話をしただけで「今、風邪が流行《はや》っているから仕方ないね」「私もしょっちゅうだよ」「そっか、そっか」などと言われてしまうと、それ以上話すこともないですし、話したいとも思わなくなります。

それでは、共感するためには、どのような態度が必要なのでしょうか。まずは、次のようなステップで状況を観察してみます。

①相手の体験を客観的に見る（自分の経験は脇に置き相手主体で考える）
②相手の感情に必要な共感を示す（主語はすべて相手にする）

こちらのステップに基づいて、あなたの先輩が「咳《せき》が止まらない」という症状を話してきた場合は、以下のような考え方ができます。

①

・電車通勤中に咳が出るのはさぞつらいだろう

・職場で気を遣い、仕事に集中できないだろう

・咳で夜中に起きてしまい睡眠不足だろう

・咳が続くとお腹まで筋肉痛で痛くなることもあるだろう

②

・「通勤中も、仕事中も周囲に気を遣うでしょうから大変ですよね」

・「それは心配です。一刻も早く咳が止まるといいですね」

・「それはつらそうですね。咳で目が覚めて、あまり眠れていないのではないですか?」

・「咳が続くと、お腹が筋肉痛になったりもしてつらいですよね」

相手が困っていたりつらいときだけでなく、嬉しい出来事を話したときも、同様に①②

のステップを活用することができます。

以前、皮膚科へ行ったあと、処方箋を渡して薬局の待合室で、娘と一緒に順番を待っていたときのことです。私の隣で同じく順番を待っていた80代くらいの女性が、娘を見るなり、「今、幼稚園?」と訊き、娘が「今度、小学生です」と、答えました。

すると女性は「それは楽しみだね!」と娘に対してにこやかに接すると、私のほうを見て「お母さん、よくここまで元気に(子どもを)育ててきたね。とても大変なことよね。すごいわ」と、しみじみとした感じで伝えてくれたのです。

思わず、胸がいっぱいになりました。そして、私の大変さなどとは比べ物にもならないほど、さまざまな人生経験を積み重ねてこられたであろう、その女性は、一切、ご自分のことは話されませんでした。

「子どもが小学生になる」という事実の背景を観察され、「そこには保護者の苦労がある」というふうに、想像してくださったのでしょう。

真に共感することは、相手に生きるエネルギーを与えられることなのだと教えてもらえた気がします。

会話の中で相手に共感することについて、改めて、見直してみると、パフォーマンスとしての表面的な共感ではなく、あなたが共感した、その言葉が、生きる力となって誰かの記憶にとどまっていくのかもしれません。

註

＊1　https://rework.withgoogle.com/jp/guides/understanding-team-effectiveness/#identify-dynamics-of-effective-teams

あとがき

最後まで読んでいただき、ありがとうございました。本書を通じて、あなたと出会えたことに感謝しています。

今、本書を読み終えられ、「口癖を変えてみよう」「もっと自分や相手のことを観察してみよう」「自分に問いかける習慣を持ってみよう」などと、ほんの少しでも感じていただけたとすれば、著者として、これほど嬉しいことはありません。あなたが感じてくださったことを実行に移されたときこそが、観察力を発揮する瞬間なのだと思います。

そして、私の勝手な思い込みで恐縮ですが、コミュニケーションに関連する本書を手に取ってくださる方は、ほとんどの場合、本の内容を活用したいとされる具体的な場面や、誰かの存在を思い描かれているのではないでしょうか。

もし、そうであるとすれば、あなたはとても真面目で、現状をより良く変えたいという意欲的な方なのだと思います。

よくよく考えてみると、会話の中で求められる観察力や、私たちの思い込みというものは、当然のことながら、子どもにとっても、同じように大切な着眼点であるといえます。

そういえば、私が幼稚園に通っていたころの思い出の一つに、今でも鮮明に記憶している切ない出来事があります。それは、折り紙がうまく折れなくて、机の上に額を付けて突っ伏し、私が一人でいじけていたときのことです。

すると、遠くのほうから「珠央ちゃん、大丈夫かな?」という、女の子の心配そうな声が聞こえました。私は嬉しくて、誰かが来て、自分のことを励ましてくれるはずだと、突っ伏したままの状態で胸を躍らせました。

ところが、次の瞬間、先生が「いいのよ。大丈夫だから、放っておきましょう」と、言いました。それきり、誰も私を構ってくれる人がいないまま、昼食の号令となり、気まずくて、寂しく、やり場のない気持ちで、お弁当を食べることになりました。

一見すると、何気ないことなのですが、あのとき、幼いながらに、誰かの観察や思い込み、そして、それらに伴う言動は、時に優しく、行動のきっかけを与えてもらい救われることもあれば、残酷なまでに孤独を突きつけられることもあるのだなと感じたのでした。

当時から四十数年が経った現在では、人付き合いにおいて「こういうときはどうすればいいのだろう」と迷い、悩むこともしばしばです。そんなとき、先ほどの切ない記憶を思い出しては、周囲の誰かが寂しい思いや、やり場のない気持ちを抱えていないだろうかと、五感を研ぎ澄ませようとする自分がいます。

人と人とが接して会話を交わすことで、心が元気になれたり、誰かを優しく思える余裕を持てたら、お互いに幸せを感じられると私は信じています。そのように、誰もが気分よく過ごせる社会の実現化は、実はそれほど難しいことではないはずです。ただ、それは一人一人が、コミュニケーションの場面で何を意識し、どのような言動の習慣を身につけて人と接していくかによるのでしょう。

本書をきっかけに、あなたの会話への意識と習慣の変化が、より素晴らしい人間関係の広がりや、チャンスへとつながり、あなた自身によって、周りの社会をさらに明るくできるよう切に願っています。

「あとがき」を読んでくださっている目の前の読者の皆さま、本当にありがとうございました。また、本書を大切な読者の方へと届けてくださるすべての皆さまと、集英社新書編集部の吉田隆之介さん、そして、日頃から温かい言葉で励ましてくれる友人たちと、時間に余裕のない私を、いつも支えてくれて、同時に笑いと癒やしを与えてくれる家族には感謝してもしきれません。

今後も、コミュニケーションのコンサルタントとして、本やコンサルティングなどを通して、微力でもどなたかのお役に立てるよう、仕事に勉学にと邁進《まいしん》いたします。どうぞ、末長く、よろしくお願いいたします。

吉原珠央

２０２３年５月

参考文献

Edmondson, Amy C. *Teaming: How Organizations Learn, Innovate, and Compete in the Knowledge Economy*. Jossey-Bass, 2012.（野津智子訳『チームが機能するとはどういうことか―「学習力」と「実行力」を高める実践アプローチ』英治出版、２０１４年）

Edmondson, A. C., Higgins, M., Singer, S. & Weiner, J. Understanding psychological safety in health care and education organizations: a comparative perspective. *Research in Human Development*, 2016; 13(1), 65-83.

Lally, P., Jaarsveld, C.H.M.v., Potts, H.W.W., Wardle, J. How are habits formed: modelling habit formation in the real world. *Eur J Soc Psychol*, 2010; 40(6), 998-1009.

秋山学「キケロの老年論―『老境について』（De senectute）をめぐって」、「エポス」Vol.16、１９９６年、１３３―１４２頁

アレクサンダー・トドロフ、中里京子訳、作田由衣子監修『第一印象の科学―なぜヒトは顔に惑わされてしまうのか？』みすず書房、２０１９年

石井遼介『心理的安全性のつくりかた―「心理的柔軟性」が困難を乗り越えるチームに変える』日本能率協会マネジメントセンター、２０２０年

キケロー、中務哲郎訳『老年について』岩波文庫、２００４年

小山憲一郎・荒木久澄・小牧元・野崎剛弘「マインドフルネス食観トレーニング：Mindfulness Based

Eating Awareness Training（MB-EAT）に関する基礎研究」、「福岡県立大学人間社会学部紀要」Vol.28、No.2、２０２０年、41―53頁

鈴木宏昭『認知バイアス―心に潜むふしぎな働き』講談社ブルーバックス、２０２０年

大坊郁夫『しぐさのコミュニケーション―人は親しみをどう伝えあうか』セレクション社会心理学14、サイエンス社、１９９８年

ダニエル・カーネマン、村井章子訳『ファスト＆スロー―あなたの意思はどのように決まるか？』上・下、ハヤカワ・ノンフィクション文庫、２０１４年

箱田裕司・都築誉史・川畑秀明・萩原滋『認知心理学』New Liberal Arts Selection、有斐閣、２０１０年

福田一彦『「金縛り」の謎を解く―夢魔・幽体離脱・宇宙人による誘拐』ＰＨＰサイエンス・ワールド新書、２０１４年

無藤隆・森敏昭・遠藤由美・玉瀬耕治『心理学　新版』New Liberal Arts Selection、有斐閣、２０１８年

佐藤敏彦「平均寿命と健康寿命」厚生労働省ｅ-ヘルスネット、最終更新日２０２２年12月５日、https://www.e-healthnet.mhlw.go.jp/information/hale/h-01-002.html

厚生労働省「職場のあんぜんサイト」https://anzeninfo.mhlw.go.jp/hiyari/anrdh00.html

早稲田ウィークリー「金縛りにあわないためには？」２０２１年４月15日、https://www.waseda.jp/inst/weekly/news/2021/04/15/84874/

吉原珠央（よしはら　たまお）

一九七六年生まれ。コミュニケーションコンサルタント。日本行動分析学会会員。ANA（全日本空輸株式会社）、証券会社、人材コンサルティング会社などを経てコミュニケーションを専門とするコンサルタントとして二〇〇二年にDC&ICを設立し、ビジネスパーソン向け研修、講演活動などを実施。著書に二〇万部ベストセラー『自分のことは話すな　仕事と人間関係を劇的によくする技術』『その言い方は「失礼」です！』（幻冬舎新書）など、多数。

絶対《ぜったい》に後悔《こうかい》しない会話《かいわ》のルール

集英社新書一一八一E

二〇二三年九月二〇日　第一刷発行

著者……吉原珠央《よしはらたまお》

発行者……樋口尚也

発行所……株式会社集英社

東京都千代田区一ツ橋二－五－一〇　郵便番号一〇一－八〇五〇

電話　〇三－三二三〇－六三九一（編集部）

〇三－三二三〇－六〇八〇（読者係）

〇三－三二三〇－六三九三（販売部）書店専用

装幀……原　研哉

印刷所……大日本印刷株式会社　凸版印刷株式会社

製本所……加藤製本株式会社

定価はカバーに表示してあります。

ISBN 978-4-08-721281-5 C0211

Printed in Japan

a pilot of wisdom

集英社新書　好評既刊

教育・心理――E

感じない子ども こころを扱えない大人　袰岩奈々
大学サバイバル　古沢由紀子
語学で身を立てる　猪浦道夫
ホンモノの思考力　樋口裕一
共働き子育て入門　普光院亜紀
世界の英語を歩く　本名信行
かなり気がかりな日本語　野口恵子
人はなぜ逃げおくれるのか　広瀬弘忠
悲しみの子どもたち　岡田尊司
行動分析学入門　杉山尚子
就職迷子の若者たち　小島貴子
日本語はなぜ美しいのか　黒川伊保子
「人間力」の育て方　堀田力
「やめられない」心理学　島井哲志
外国語の壁は理系思考で壊す　杉本大一郎
メリットの法則 行動分析学・実践編　奥田健次
「謎」の進学校 麻布の教え　神田憲行
孤独病 寂しい日本人の正体　片田珠美
「文系学部廃止」の衝撃　吉見俊哉
口下手な人は知らない話し方の極意　野村亮太
受験学力　和田秀樹
名門校「武蔵」で教える東大合格より大事なこと　おおたとしまさ
「本当の大人」になるための心理学　諸富祥彦
「コミュ障」だった僕が学んだ話し方　吉田照美
TOEIC亡国論　猪浦道夫
「考える力」を伸ばす AI時代に活きる幼児教育　久野泰可
保護者のための いじめ解決の教科書　阿部泰尚
大学はもう死んでいる?　苅谷剛彦／吉見俊哉
「生存競争《サバイバル》」教育への反抗　神代健彦
毒親と絶縁する　古谷経衡
子どもが教育を選ぶ時代へ　野本響子
僕に方程式を教えてください　高橋一雄／瀬山士郎／村尾博司
不登校でも学べる　おおたとしまさ

哲学・思想——C

社会――B

a pilot of wisdom

女性差別はどう作られてきたか　中村敏子
原子力の精神史――〈核〉と日本の現在地　山本昭宏
ヘイトスピーチと対抗報道　角南圭祐
世界の凋落を見つめて クロニクル2011-2020　四方田犬彦
「自由」の危機――息苦しさの正体　藤原辰史 内田樹ほか
「非モテ」からはじめる男性学　西井開
妊娠・出産をめぐるスピリチュアリティ　橋迫瑞穂
マジョリティ男性にとってまっとうさとは何か　杉田俊介
書物と貨幣の五千年史　永田希
インド残酷物語 世界一たくましい民　池亀彩
シンプル思考　里崎智也
韓国カルチャー 隣人の素顔と現在　伊東順子
「それから」の大阪　スズキナオ
ドンキにはなぜペンギンがいるのか　谷頭和希
何が記者を殺すのか 大阪発ドキュメンタリーの現場から　斉加尚代
フィンランド 幸せのメソッド　堀内都喜子
私たちが声を上げるとき アメリカを変えた10の問い　和泉真澄 坂下史子ほか

「黒い雨」訴訟　小山美砂
差別は思いやりでは解決しない　神谷悠一
ファスト教養 10分で答えが欲しい人たち　レジー
非科学主義信仰 揺れるアメリカ社会の現場から　及川順
おどろきのウクライナ　橋爪大三郎 大澤真幸
対論 1968　笠井潔 絓秀実
武器としての国際人権　藤田早苗
小山田圭吾の「いじめ」はいかにつくられたか　片岡大右
クラシックカー屋一代記　涌井清春 金子浩久構成
カオスなSDGs グルっと回せばうんこ色　酒井敏
「イクメン」を疑え！　関口洋平
差別の教室　藤原章生
ハマのドン 横浜カジノ阻止をめぐる闘いの記録　松原文枝
なぜ豊岡は世界に注目されるのか　中貝宗治
続・韓国カルチャー 描かれた「歴史」と社会の変化　伊東順子
トランスジェンダー入門　周司あきら 高井ゆと里
スポーツの価値　山口香

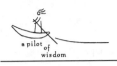

a pilot of wisdom

- 体力の正体は筋肉　樋口 満
- ガンより怖い薬剤耐性菌　三瀬勝利／山内一也
- 本当はこわい排尿障害　高橋知宏
- 心療眼科医が教える その目の不調は脳が原因　若倉雅登
- 定年不調　石蔵文信
- 悪の脳科学　中野信子
- 女は筋肉 男は脂肪　樋口 満
- 出生前診断の現場から　室月 淳
- すべての不調は口から始まる　江上一郎
- 赤ちゃんと体内時計 胎児期から始まる生活習慣病　三池輝久
- スポーツする人の栄養・食事学　樋口 満
- 免疫入門 最強の基礎知識　遠山祐司
- コロナとＷＨＯ 感染症対策の「司令塔」は機能したか　笹沢教一
- 胃は歳をとらない　三輪洋人
- 他者と生きる リスク・病い・死をめぐる人類学　磯野真穂
- 大人の食物アレルギー　福冨友馬
- ヤング中高年 人生１００年時代のメンタルヘルス　竹中晃二

- ゲノムの子 世界と日本の生殖最前線　石原 理
- 体質は3年で変わる　中尾光善
- 若返りホルモン　米井嘉一

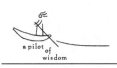

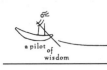